Fenna Mohrbach

Familie und soziale Ungleichheit

Hängen die Bildungschancen eines Kindes von der sozialen Herkunft ab?

Bibliografische Information der Deutschen Nationalbibliothek:

Die Deutsche Nationalbibliothek verzeichnet diese Publikation in der Deutschen Nationalbibliografie; detaillierte bibliografische Daten sind im Internet über http://dnb.d-nb.de abrufbar.

Impressum:

Copyright © Studylab 2019

Ein Imprint der Open Publishing GmbH, München

Druck und Bindung: Books on Demand GmbH, Norderstedt, Germany

Coverbild: Open Publishing GmbH | Freepik.com | Flaticon.com | ei8htz

Inhaltsverzeichnis

IV

1 Einleitung

Warum bekommt ein „Kevin" oder eine „Chantal" im Schnitt schlechtere Noten als ein „Christian" oder eine „Marie-Sophie"? Haben nicht alle Kinder die gleichen Chancen auf erfolgreiche Bildung? Die Antwort ist: nein! Die Ungleichheiten, die dazu führen, sind vielfältig und zum einen in der Gesellschaft aber auch in der Familie verankert.

Die Fragen rund um das Thema „soziale Ungleichheit" sind trotz vieler Reformen und gestiegenem Bildungsstandard aktuell (vgl. ALLMENDINGER, 2003). Dabei spielt zum einen die Familie als ein wichtiger Bestandteil der Gesellschaft eine große Rolle, aber auch die Wirkungsmechanismen der Gesellschaft an sich. Im Hinblick auf Schule und Familie werden vor allem die Ursachen, Determinanten und Auswirkungen der sozialen Ungleichheit und ungleichen Bildungschancen ermittelt (vgl. FLOREN, 2004: 131).

Zum Beginn der Arbeit wird zuerst der Begriff der Familie geklärt (**Kapitel 2**). Dazu werden einleitend verschiedene Familienformen vorgestellt (**Kapitel 3**). Danach werden die Funktionen der Familie (**Kapitel 4**) beleuchtet, bevor die familiale Entwicklung in Bezug zum demographischen Wandel gesetzt wird (**Kapitel 5**). Darauf folgend soll näher auf die Sozialisationstheorie Bourdieus und der Sozialisation innerhalb der Familie eingegangen werden (**Kapitel 6**). Die Aspekte des sozialen Raums und der Kapitalsorten werden schließlich unter dem Punkt der sozialen Ungleichheit in der Familie zusammengefasst (**Kapitel 7**). Letztendlich soll der Begriff der Bildung (**Kapitel 8**) erklärt werden, sowie die Perspektiven und Chancen in der Bildungslaufbahn (**Kapitel 9**).

Zum Schluss wird ein kritischer Blick auf das Feld Schule geworfen und Lösungsvorschläge vorgestellt, die sowohl das Verhältnis Schule-Familie, als auch Aspekte der sozialen Ungleichheit ansprechen. Die Ergebnisse dieser Untersuchung werden schließlich zur Beantwortung der Leitfragen im Fazit (**Kapitel 10**) vorgestellt.

2 Begriffsbestimmung Familie

Eine genaue Definition von Familie gestaltet sich schwierig, da die Aspekte ihrer Betrachtung zahlreich sind und je nach Fachbereich unterschiedliche Schwerpunkte besitzen. Das System Familie bildet eine elementare Einheit der Gesellschaft. Ob in Debatten um Familienpolitik, Bildung, Erziehung oder wirtschaftssoziologischen Themen - die Einheit Familie ist in der Gesellschaft fest verankert und trägt so zur Entwicklung der Gesellschaft bei (vgl. MAIHOFER, BÖHNISCH, & WOLF, 2001: 8). In der Sozialwissenschaft wurden bis dato einige Versuche gemacht, den Begriff der Familie näher zu beschreiben. R. König, beispielsweise, sieht das System Familie zum einen eingebettet in der Gesellschaft an sich, aber auch als eigenes System, der Kleingruppe (vgl. ROSENBAUM, 1973: 54). König konzentriert sich bei seiner Familiensoziologie dabei hauptsächlich auf den zweiten Teil: der Familie als eigener, relativ autonomer, von der Gesamtgesellschaft unabhängiger Bereich. Diese Ausgliederung der Familie erklärt er durch die neuen Verhältnisse der Familie zur Gesellschaft, die sich in der Zeit des Kapitalismus ergeben haben und nennt es Desintegration (ebd.: 94). Jedoch spricht unter anderem die Untersuchung von Schelsky dafür, dass die Familie von der Gesellschaft aufgrund vieler Faktoren, die von außen auf die Familie einwirken, abhängig ist, auch wenn er dabei hauptsächlich von der Verlagerung von Ursachen bei Konflikten zwischen Familie und Gesellschaft spricht (ebd.: 129). Hinzu kommt, dass die Familie fest in die Gesellschaft einbezogen wird wie zum Beispiel im Grundgesetzbuch. So steht beispielsweise im Artikel 6 des Grundgesetzbuches, die Familie stehe unter dem Schutz „der staatlichen Ordnung" (BUNDESZENTRALE FÜR POLITISCHE BILDUNG, 2009: 12, zit. nach: DUNKAKE, 2010: 47).

Grundsätzlich kann man die Familie als ein Geflecht von Beziehungen bezeichnen, welches historisch gesehen früher aus einem Zusammenleben von mehreren Personen als nur Mutter, Vater und Kind bestand. Im 19. Jahrhundert bestand die Familie oftmals vielmehr aus einem Haushalt, also nicht nur aus den Familienmitgliedern an sich, sondern auch aus Dienern oder weiteren Angestellten, die mit der Familie unter einem Dach wohnten (vgl. BERTRAM, 1991: vi f). Somit unterscheidet sich der Haushalt in dem Sinne von der Familie, als das er Beziehungen beinhalten konnte, die nicht notwendigerweise miteinander verwandt sein mussten (ebd.).

Heutzutage definiert eine Familie nicht unbedingt das Zusammenleben von Personen in einem Haushalt und auch der Konstellation von Familienmitgliedern ist keine Grenze gesetzt. Kinder, die bereits ausgezogen sind, oder Schwiegereltern, die im benachbarten Haus wohnen, werden trotzdem zur Familie gezählt. Jedoch spricht man in diesem Sinne häufiger von Verwandtschaft. Familie bezeichnet in erster Linie die „eigene" Familie, also den Partner und die eigenen Kinder (vgl. DIEFENBACH, 2000: 169f).

3 Familienvariationen und ihre Bedeutung

Die Bedeutung der Familie und damit verschiedener Familienformen und ihre Entwicklung werden besonders dann diskutiert, wenn es um die Entwicklung von Kindern und Jugendlichen geht. Vor allem, wenn es zu Problemen der schulischen Entwicklung oder anderen soziale Auffälligkeiten kommt, ist der familiäre Hintergrund von großer Relevanz. In diesem Kapitel wird untersucht werden, inwiefern die Familie und besonders neu entstandene Familienkonstellationen in dem großen Geflecht aus Familie, Gesellschaft und Schule verwickelt sind (vgl. DUNKAKE, 2010: 47).

3.1 Die traditionelle Familie

Ein Blick zurück in die Vergangenheit: Es wurde aus Liebe geheiratet, nicht aus materiellen Gründen. Die Ehe wurde sehr ernst genommen und die Partner schworen sich ewige Treue. Eine Scheidung war in den Augen der Gesellschaft nicht gern gesehen. Nach der Hochzeit kam die Gründung eines eigenen Haushalts. Die Ehe ging somit in die Familie über und blieb die ganze Zeit fest mit ihr verankert (vgl. MAIHOFER, BÖHNISCH, & WOLF, 2001: 15). Aus diesen Werten bildete sich somit vor einigen Jahrzehnten das typische Bild einer Kleinfamilie: Ein verheiratetes Paar, welches mindestens ein Kind hat. Die Mutter ist Hausfrau und bleibt daheim bei den Kindern, kümmert sich um sie und den Haushalt. Der Mann geht arbeiten und sorgt so alleine für die Finanzen. Die Kinder wachsen gut behütet bei den Eltern auf, durchlaufen mit großer Unterstützung der Eltern die Schullaufbahn, und ziehen schließlich als junge Erwachsene aus dem Elternhaus aus. Zusammengefasst spiegelt das das Bild einer traditionellen deutschen Familie wieder (vgl. BERTRAM, 1991: vi). Diese Form der Familie nennt man auch Kernfamilie, bestehend aus Eltern und Kindern (vgl. BERTRAM, 1991: vii). Diese Form kann durch Großeltern oder weitere Familienmitgliedern erweitert werden, bis sie zu einer Großfamilie wird. Sie hat ihre Wurzeln in den 60er Jahren zu Zeiten des Baby-Booms (vgl. RICHTER, 2014). Zu dieser Zeit war die Annahme einer einzigen „gültigen" Familienform sehr etabliert, doch diese Ansicht hat sich bereits ab 1968 geändert (ebd.). Bis zum heutigen Punkt hat sich eine Vielzahl an Familienformen durchgesetzt und so sind der Familienkonstellationen nahezu keine Grenzen gesetzt. Doch trotz dieser Entwicklung ist auch im 21 Jahrhundert die Zwei-Kind-Familie das häufigste und üblichste Modell der Familiengründung. Im Jahre 2010 waren 73 Prozent der Frauen mit Kind verheiratet (ebd.). Dieses Ergebnis bestätigt auch eine freiwillige Umfrage zur derzeitigen Lebensform junger Erwachsener in Deutschland 2015: 69 Prozent der jungen Erwachsenen gaben an, in einer Kernfamilie mit ihrem Partner und ihren Kindern zusammen zu leben (vgl. WWW.STATISTA.COM, 2016).

3.2 Alleinerziehende Eltern

Während in den 50er Jahren Alleinerziehende als unnormal und falsch betrachtet wurden, ist der Anblick heutzutage weder ein besonderer noch ein seltener (vgl. MAIHOFER, BÖHNISCH, & WOLF, 2001: 30). Doch erst zur Begriffsklärung: Wer gilt als alleinerziehend? Zu den Alleinerziehenden werden Mütter und Väter gezählt, die nicht verheiratet sind oder mit einem Partner zusammen leben und mit einem Kind bis 18 Jahre in einem gemeinsamen Haushalt wohnen. Dabei kommt es weniger darauf an, wer der beiden Eltern das Sorgerecht hat, sondern wer mit dem Kind aktiv zusammen lebt und für dessen Unterhalt sorgt. Ein Blick in die Vergangenheit zeigt, dass Alleinerziehende schon im Jahre 1996 einen großen Teil der Bevölkerung ausmachte. 1,3 Millionen Alleinerziehende gab es damals, das machte circa 14 Prozent der Gesamtbevölkerung aus. 2009 stieg die Zahl der Alleinerziehenden auf 1,6 Millionen (vgl. BUNDESAMT, 2010: 7). Von den rund 18 Millionen alleinlebenden Menschen, die 2014 vom statistischen Bundesamt erfasst wurden, waren ganze 2,7 Millionen Väter oder Mütter alleinerziehend, 1,6 Millionen von ihnen alleinerziehend mit einem minderjährigen Kind (vgl. KRACK-ROBERG, RÜBENACH, SOMMER, & WEINMANN, 2016: 47).

Auch wenn die Zahl der alleinerziehenden Väter, besonders nach der Sorgerechtsreform, gestiegen ist, so stehen hauptsächlich alleinerziehende Mütter im Mittelpunkt der Untersuchungen (vgl. MAIHOFER, BÖHNISCH, & WOLF, 2001: 31). Im Jahre 2009 waren 9 von 10 alleinerziehenden Personen Mütter. Festzuhalten ist dabei auch, dass die Mütter im Vergleich zu den Vätern häufig jüngere Kinder betreuten, was in Abbildung 1 deutlich wird (vgl. BUNDESAMT, 2010: 14).

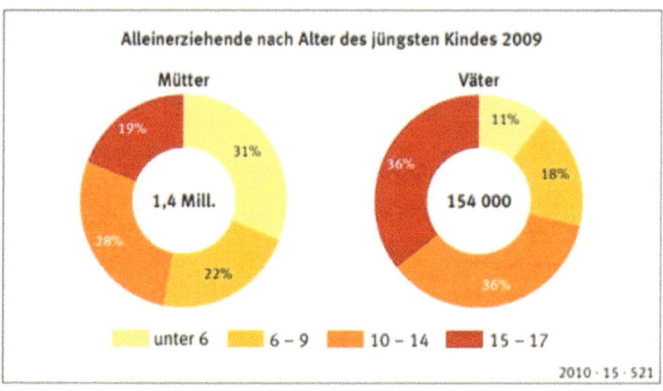

Abbildung 1: Alleinerziehende nach Alter des Kindes
(Bundesamt, 2010: 15)

Ein weiterer Punkt, weswegen Alleinerziehende oft im Mittelpunkt politischer Diskussionen stehen, ist der, dass diese anfälliger für Sozialhilfeleistungen sind als zusammenlebende Paare. Sie sind dementsprechend auch häufiger von Armut betroffen als Paare mit Kindern. 2009 bezogen 41,6 Prozent der Alleinerziehenden mit minderjährigen Kindern Sozialhilfe, hingegen nur 8,7 Prozent der Paare mit minderjährigen Kindern (vgl. BUNDESAMT, 2010: 5). Grund dafür ist hauptsächlich die Ausübung eines Teilzeitjobs, während Mütter mit einem Partner häufiger einen Vollzeitjob finden (ebd.: 19).

3.3 Alternative Familienformen

Eng verbunden mit dem familialen Wandel steht auch die Entwicklung der Familienformen und damit die wachsende Anzahl alternativer Lebensformen. Während in den letzten Jahren zu beobachten war, dass Ehepaare mit minderjährigen Kindern zunehmend seltener wurden, stieg hingegen die Anzahl der Lebensgemeinschaften mit minderjährigen Kindern von 684.000 im Jahre 2004 auf 883.000 im Jahre 2014. Dieser Anstieg von 22 Prozent sorgte dafür, dass sich die Familienstruktur zunehmend veränderte (vgl. KRACK-ROBERG, RÜBENACH, SOMMER, & WEINMANN, 2016: 51f).

Lebensgemeinschaften bestehen aus Paaren, die nicht verheiratet sind, aber trotzdem zusammen leben und einen gemeinsamen Haushalt führen. Da die Eintragung einer gleichgeschlechtlichen Lebensgemeinschaft ab 2001 gesetzlich befürwortet wurde, stieg ab da die Zahl bis zum Jahr 2014 auf 78 000 an (ebd.: 46). Davon waren rund 41 000 auch gleichgeschlechtliche Lebenspartnerschaften (ebd.: 46). Neben den Lebensgemeinschaften gibt es auch noch Patchwork- oder Stieffamilien. Sie bilden sich meist aus Partnern mit Kindern aus vorherigen Beziehungen und bilden so eine neues Familienkonstrukt (vgl. RICHTER, 2014). Auch alleinerziehende Mütter und Väter werden zu den alternativen Formen der Familie gezählt und bilden nach der Kernfamilie die zweithäufigste Form aller Familien in Deutschland (vgl. KRACK-ROBERG, RÜBENACH, SOMMER, & WEINMANN, 2016: 44).

3.4 Vor-und Nachteile verschiedener Familienkonstellationen

Festzuhalten ist: Die Pluralisierung der Lebensformen ist ein Prozess, der allgegenwärtig in Deutschland geschieht. Das traditionelle Mutter-Vater-Kind-Modell ist zwar immer noch das häufigste, jedoch gibt es eine stetige Zunahme an alternativen Familienformen. Zudem besteht eine immer größer werdende Zahl an Alleinerziehenden, die sich entweder bewusst für diese Lebensform entschieden haben oder durch Trennung oder Scheidung diesen Weg gehen mussten. Auch steigt die Zahl an nicht verheirateten Paaren und mit ihnen die Zahl der homosexuellen Paare (vgl. MAIHOFER, BÖHNISCH, & WOLF, 2001: 39).

Dieser Trend sorgt dafür, dass das Verständnis von Familie nicht nur gelockert, sondern teilweise komplett neu definiert wird. Starre traditionelle Familienformen sind seltener geworden. Hingegen kommt es zu immer mehr Patchworkfamilien, die sich aus vorherigen gescheiterten Beziehungen neu zusammenschließen (ebd.: 39 ff). Diese Entwicklung bietet allen Beteiligten mehr Freiheit. Weg von konventionellen Zwängen steht es jedem Menschen offen, seine Zukunftsplanung selbst in die Hand zu nehmen. Von einer Vielzahl an Familienkonstellationen kann sich für die passende entschieden werden. Auch bei der Frage nach Vereinbarkeit von Familie und Beruf haben sich die Verhältnisse gelockert (ebd.). Zum einen, weil Frauen mittlerweile hochqualifiziert sind und ihre Rechte verstärkt in Anspruch nehmen, das heißt, nicht auf ihren Beruf verzichten wollen, aber auch, weil die Männer sich nicht mehr allein über ihren Beruf identifizieren und mehr am Familienleben und der Erziehung beteiligt sein wollen (ebd.).

Doch diese Freiheit bringt jedoch auch viel Unsicherheit mit sich. Der Ablauf der Zukunft und damit der Familiengründung ist nicht mehr selbstverständlich. Die eigene Lebensplanung muss organisiert werden und die Familiengründung auf die momentane Lebenslage und soziale Situation angepasst werden und mit den individuellen Vorstellungen der einzelnen Personen in Einklang gebracht werden (ebd.: 39).

Auch das Verständnis der Ehe hat sich im Laufe der letzten Jahre zunehmend gelockert. Ehe steht nicht mehr in fester Verbindung mit der Familie und andersherum. Man geht nicht mehr davon aus, verheiratet sein zu müssen, um eine Familie zu gründen. Die Ehe ist heutzutage immer häufiger ein Ausdruck der Ernsthaftigkeit einer Beziehung. So kommt es, dass viele Paare Kinder bekommen bevor sie heiraten (ebd.: 39f). Auch die homosexuelle Ehe ist mittlerweile etabliert, auch wenn sie in Deutschland noch relativ selten anzutreffen ist (circa 41 000 eingetragene Lebenspartnerschaften im Jahr 2014) (vgl. KRACK-ROBERG, RÜBENACH, SOMMER, & WEINMANN, 2016). Die sinkende Zahl an Eheschließungen bestätigt diesen Trend. Jedoch werden immer noch verheiratete Paare in der Gesellschaft privilegiert, was die über die Jahre entstandene Wirkmacht der Institution Ehe deutlich macht. Das mag auch der Grund sein, warum homosexuelle sich für eine Hochzeit entscheiden, denn bedauerlicherweise gelangen sie nur so an entsprechendes Ansehen und Gleichberechtigung (vgl. MAIHOFER, BÖHNISCH, & WOLF, 2001: 39f).

Das neue offene Verständnis von Familie sorgt dafür, dass Familie heutzutage bunt gemischt sein kann und aus verschiedensten Gründen entsteht. Oft entsteht sie nicht mehr aus konventionellen Zwängen, sondern aus freiwilligen Entscheidungen. Am deutlichsten wird dies bei den Patchworkfamilien, die lediglich aus der aktiven Entscheidung zueinander bestehen können. Die Familie ist deshalb heute mehr denn je ein Ort des Beisammenseins und der Geborgenheit (ebd.: 40).

Zusammenfassend lässt sich sagen, dass die Familie weniger selbstverständlich und als gegeben anzusehen ist. Sie wird aktiv gebildet, was aber auch gewisse Kompetenzen voraussetzt, gerade wenn Beruf und Familie vereint werden sollen oder die Familie eine Wahlfamilie ist, deren Beziehungen permanent gepflegt werden müssen. Das erfordert ein hohes Maß an Bereitschaft, Aufopferung und soziale Kompetenz, aber auch Flexibilität und gutes Zeitmanagement. Maihofer et al. beschreibt die Familie deshalb oft als ein „Ergebnis von Tätigkeiten" (vgl. MAIHOFER, BÖHNISCH, & WOLF, 2001: 41), besonders bei den sogenannten Fortsetzungsfamilien (ebd.: 41f).

4 Aufgaben der Institution Familie

Neben der Frage nach möglichen neuen Familienkonstellationen oder Familienmodellen soll auch ein Blick darauf geworfen werden, inwiefern sich die Funktionen innerhalb der Familie im Wandel der Zeit geändert haben (vgl. MAIHOFER, BÖHNISCH, & WOLF, 2001: 7). Haben sich komplett neue Aufgabenbereiche gebildet oder lediglich das Verhältnis der Aufgaben unter den Individuen?

4.1 Funktion der Familie

Die Funktionen der Familie sind vielfältig und beinhalten sowohl biologische als auch kulturelle und soziale Faktoren. Die wichtigste Funktion, nämlich die der Reproduktion, sei hier an erster Stelle zu nennen. Durch die Fortpflanzung trägt die Familie zur Erhaltung der Gesellschaft bei und gibt dabei einen Teil ihrer eignen Familien weiter (vgl. HUININK, 2009). Festzuhalten ist hierbei, dass es zur reinen Fortpflanzung nicht zwangsläufig einer Familie bedarf, in der heutigen Gesellschaft dies jedoch die am häufigste auftretende Form ist. Der Grund der Fortpflanzung hat sich somit im Laufe der Zeit geändert (ebd.). Im Gegensatz zum reinen Überlebens- und Fortpflanzungswillen ist heute die Fortpflanzungsfunktion von der Sexualität getrennt. Eine starke Motivation ist in erster Linie einen Teil seiner selbst an die nächste Generation weiterzugeben (ebd.).

Mit der Familiengründung ist die wichtigste Funktion der Familie, besonders gegenüber den Kindern, die emotionale Zuwendung und Liebe. Beim Großziehen der Kinder und bei den Partnern unter sich bilden soziale Beziehungen das Grundgerüst für das Bestehen einer Familie (ebd.). Das vertraute Verhältnis ist nirgendwo anders so stark wie in der Institution Familie. Dazu gehören die Aufopferungsbereitschaft, der emotionale Beistand und die Unterstützung in nahezu jeder Lebenslage (ebd.). Die Familie fungiert als Ruheort für die einzelnen Mitglieder, als Rückzugsort, in dem sie sowohl körperlich als auch geistig Zuwendung und Ausgeglichenheit erfahren. Diese positiven Erfahrungen stärken besonders die in ihr heranwachsenden Individuen und sorgen bestenfalls für eine optimale Entwicklung und einem stabilen Selbstvertrauen (ebd.).

In diesem Atemzug sei auch die Sozialisation der Kinder und damit die Erziehung und in gewissem Maße auch Bildung der Kinder erwähnt (ebd.). Dabei stellt besonders die Erziehung in den ersten Lebensjahren eine elementare Rolle dar, denn durch die besonders enge Beziehung zwischen Eltern und Kind wird großer Einfluss auf den späteren Bildungsprozess ausgeübt (ebd.) Bei dieser ersten soziokulturellen Prägung sollen aber nicht nur allgemeine Fähigkeiten, sondern auch Werte und Normen vermittelt werden (ebd.).

4.2 Familie im Alltag

Der Alltag der Familie ist zum einen geprägt durch die in Kapitel 4.1 genannten Funktionen, die sie automatisch und oft unbewusst erfüllt. Ein weiter Bestandteil ist zudem die Aufgabenverteilung innerhalb eines Haushalts. Familienmitglieder haben in diesem Punkt einen Vorteil gegenüber Alleinstehenden, in dem sie Aufgaben des Haushalts untereinander aufteilen können (ebd.). Doch neben all dem Zeitmanagement und der Organisation, welche die Familie zu bewältigen hat, bestehen auch Aufgaben und Verpflichtungen der Gesellschaft gegenüber (ebd.). Um beruflich angemessene Leistungen zu erbringen, muss der Mensch regeneriert sein. Die Familie übernimmt die in Kapitel 4.1 beschriebene Funktion des Rückzugsortes. Darüber hinaus ist der Zusammenhalt zwischen den Generationen von großer Bedeutung für den sozialen Zusammenhalt der Gesellschaft (ebd.). Diese Fakten unterstreichen die These von Shelsky, der die Institution Familie als Ursprung von Stabilität für die Familie und die Gesellschaft ansieht (vgl. ROSENBAUM, 1973: 37).

5 Familiale Entwicklung

Im Hinblick auf die Fragestellungen dieser Arbeit, soll der Umbruch der Gesellschaft und der damit verbundene Wandel der Familie vor allem im Blick auf die Auswirkungen auf Kinder und Bildung beleuchtet werden.

Wenn vom Wandel der Familie gesprochen wird, muss Familie als eine Art Institution gesehen werden, in der Eltern sowie Kinder in einer festen Ordnung miteinander leben. Dies geschieht auf sozialer Ebene in Form von Beziehungen, Handlungsmustern und strukturellen Abläufen, die sich über die Zeit gebildet und verfestigt haben. Bohrhardt führt daher an, dass die Institution Familie durch diese Eigenschaften sowohl eine „normative Dimension", eine „strukturelle Dimension" und eine „eigendynamische Binnendimension" umfasst (BOHRHARDT, 1999: 45). Durch die in diesen Ebenen eingebetteten Aufgaben und Funktionen der Familie sowie die Erwartungshaltung, die die Familienmitglieder an einander haben und die Ordnung, die je nach Familie ihre Eigenart hat, ähnelt die Institution Familie der Ordnung der Gesellschaft, da es auch hier Leitbilder, rechtliche Verfestigungen und Aushandlungsprozesse gibt, nur eben nicht auf „Mikro"- sondern auf „Makroebene" (ebd.). Familialer Wandel vollzieht sich nach Bohrhardt in allen drei Dimensionen. Jedoch unterscheiden sich die Entwicklungen zwischen sozialen, kulturellen und rechtlichen und demografischen Faktoren. Die „Binnendimension" (ebd.) der Familie, die sich durch ihre Eigendynamik auszeichnet, bildet im Bezug zu diesen Unterschieden einen Ausgleich. Ihr relativ stabiler Charakter sichert die Familie und hält sie, auch bei stärkeren Umbrüchen, zusammen. Veränderungen in der Familie entstehen jedoch nicht von selbst, also von innen heraus. Vielmehr werden sie durch Spannungsverhältnisse mit anderen institutionellen Einrichtungen hervorgerufen. Auf die Familie hat hier der Arbeitsmarkt den stärksten Einfluss (ebd.).

Wie sich zusammenfassen lässt, vollzieht sich der Wandel der Familie auf mehreren Ebenen. Deshalb ist es wichtig, auch bei der Suche nach den Gründen für diesen Wandel die entsprechenden Ebenen zu beleuchten. Zum einen spielen natürlich gesellschaftliche und politische Veränderungen eine Rolle, aber auch veränderte soziale Verhaltensmuster und Interaktionen sowohl innerhalb der Familie als auch in Bezug zur Gesellschaft, die vor allem im Zeitvergleich deutlich werden, sollten betrachtet werden (ebd.).

5.1 Demographische Entwicklung

Auch nach Jahrzenten zählt die Geburtenrate Deutschlands im weltweiten Vergleich zu den niedrigsten. Wenn auch in den letzten Jahren ein Anstieg zu verzeichnen war, so bleibt auf lange Sicht fraglich, ob sich das Geburtenniveau je erholen wird (vgl. OLGA PÖTZSCH, 2013: 6). Ein genauerer Blick auf die Ursachen wäre nicht im Rahmen dieser Arbeit gewesen. Es werden jedoch die wichtigsten Faktoren kurz angerissen.

Der Baby-Boom Mitte der Sechziger Jahre sorgte für ein Rekordhoch der Geburtenrate: rund 1,4 Millionen Neugeborene zählte die Bundesrepublik im Jahre 1964 (ebd.: 11). Dieser Schub bildet die heute stark vertretenden Jahrgänge der um die 50ig-jährigen. Die Geburtenrate ging Ende der 1960er Jahre in ganz Deutschland jedoch kontinuierlich zurück und sank 1972 erstmals unter die Millionenmarke, bis sie sich bei 0,8 bis 0,9 Millionen Geburten pro Jahr einpendelte (ebd.). Wie Abbildung 1 zeigt, geht seit 1991 die Geburtenrate weiter zurück. Im Jahre 2012 wurden nur noch halb so viele Kinder geboren wie 1964: nur noch rund 673.500 (ebd.).

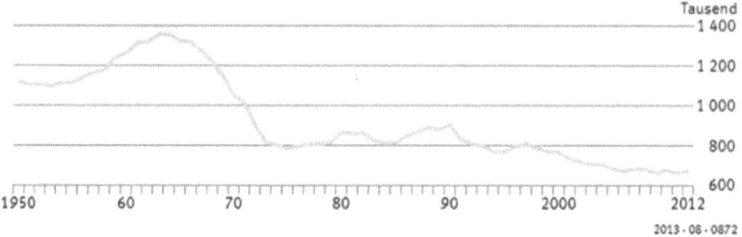

Abbildung 2: Geburtentrends in Deutschland
(Olga Pötzsch, 2013: 11)

Zwei Faktoren bestimmen die Geburtenrate:

Anzahl der potentiellen Mütter

Um die Anzahl der potentiellen Mütter bestimmen zu können, muss man alle gebärfähigen Frauen in Betracht ziehen. Gebärfähig ist eine Frau im Schnitt in einem Alter von 15 bis 49 Jahren (ebd.). Die folgende Abbildung zeigt, dass diese Gruppe der Bevölkerung in Deutschland sehr unregelmäßig verteilt ist. Auffällig ist vor allem der Unterschied von den unter 30ig-jährigen und den Mitte/Ende 40-jährigen Frauen (ebd.). In Abbildung 2 ist deutlich erkennbar, dass je jünger die Bevölkerungsschicht wird, desto spärlicher ist sie auch vertreten. Das wirft ein Problem auf, denn wenn die vielen gebärfähigen Frauen, die jetzt zwischen 45 und 49 Jahre alt sind, durch die schwächer besetzen jüngeren Jahrgänge ersetzt werden, wird

die Anzahl der potentiellen Mütter stark sinken (ebd.). Das muss nicht zwangsläufig weniger Geburten bedeuten, jedoch ist diese negative Tendenz nicht außer Acht
zu lassen (ebd.: 12).

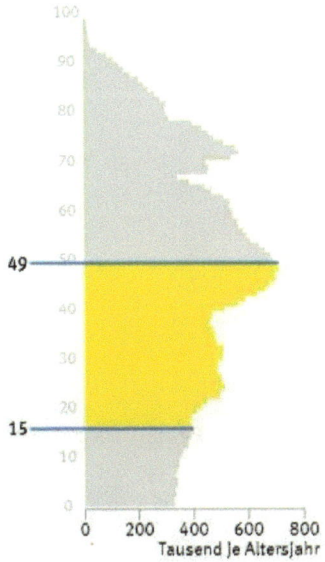

Abbildung 3: Verteilung der weiblichen Bevölkerung nach Alter
(Olga Pötzsch, 2013: 12)

Innerhalb dieser Zeitspanne hat sich im Vergleich von damals bis heute jedoch viel
verändert. Abbildung 3 verdeutlicht, dass vor allem die Geburtenrate in Bezug auf
das Alter im Zeitvergleich sehr unterschiedlich ist (ebd.). Während im Jahre 1964
vor allem junge Mütter die meisten Kinder bekamen, und die Altersgruppe von 21-
bis 30-jährigen war zu der Zeit zudem am stärksten vertreten, so bekamen im Jahre
2012 die Frauen im Alter von 26 bis 36 die meisten Kinder (ebd.: 13).

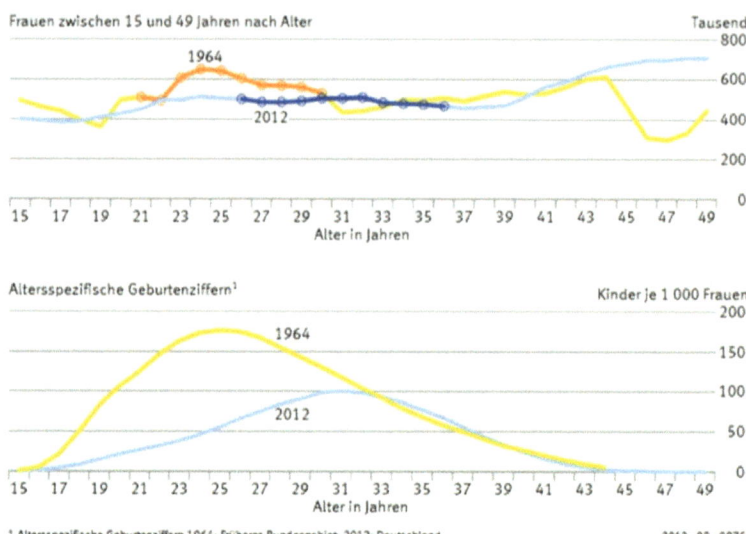

Abbildung 4: Potentielle Mütter nach Alter und altersspezifische Geburtenziffern
(Olga Pötzsch, 2013: 13)

Zahl der Kinder pro Frau

Auch die neusten Befunde aus dem Jahre 2012 bestätigen, dass die Geburtenrate weitestgehend stabil bleibt, da die Mütter in Deutschland durchschnittlich zwei Kinder im Laufe ihres Lebens bekommen (ebd.: 25). Ein Blick auf Abbildung 4 zeigt, dass im Zeitraum von 2008 bis 2012 eine positive Entwicklung festzustellen war. Die Mütter aus den Jahrgängen 1983 bis 1987 haben in beiden Teilen Deutschlands die Kinderzahl um 14 bis 15 Prozent erhöht (ebd.: 26). Auch die fünf Jahre älteren Jahrgänge sorgten für einen Anstieg um 9 Prozent. Lediglich bei den Jahrgängen von 1973 bis 1977 lässt sich ein größerer Unterscheid zwischen den alten und neuen Bundesländern feststellen (ebd.). Während das frühe Bundesgebiet einen Anstieg der Kinderzahlen von 6 Prozent verzeichnen konnte, waren die Ergebnisse in den neuen Bundesländern fast doppelt so hoch, nämlich bei 11 Prozent. Das ist deshalb erstaunlich, da die Frauen dieses Jahrgangs bereits zwischen 35 und 39 Jahre alt waren (ebd.).

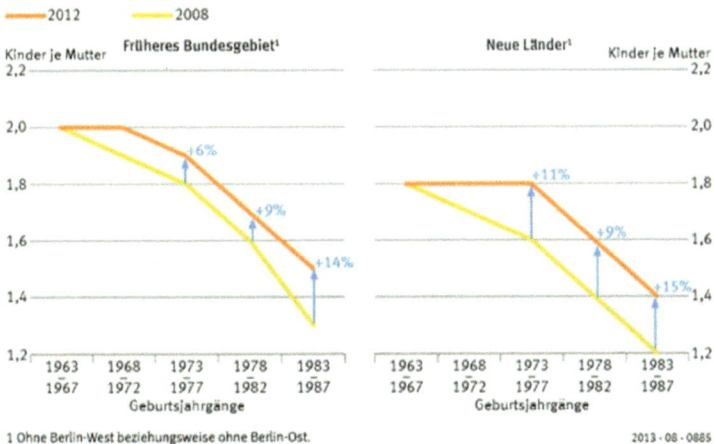

Abbildung 5: Kinderzahl je Mutter, Jahr 2008 und 2012 im Vergleich
(Olga Pötzsch, 2013: 26)

Zusammenfassend lässt sich sagen, dass auch, wenn in den letzten Jahren positive Entwicklungen zu vermerken waren, die generelle Tendenz weiterhin sinkend ist. Es lassen sich bis jetzt noch keine zuverlässigen Prognosen bilden, jedoch lässt sich feststellen, dass, wenn die Bevölkerung auch momentan weiterhin wachsen wird, sie auf lange Sicht aufgrund des Anteils der älteren Bevölkerung und den fehlenden Nachkommen rapide abnehmen wird (ebd.: 18).

Im Hinblick auf meine Arbeit ist zu klären, welche Auswirkungen dieses Ergebnis auf das Bildungssystem hat.

Die stark sinkende Bevölkerungszahl wird sich in naher Zukunft auf den Bedarf an Bildungseinrichtungen auswirken (vgl. WEISHAUPT, 2013). Auch das Personal der Bildungseinrichtungen wird vom demographischen Wandel nicht unberührt bleiben. Das Problem ist, dass durch den stetigen Rückgang der Bevölkerung auch die qualifizierten Angestellten nach und nach schwinden werden (ebd.). Eine große Gruppe an Fachkräften bildet immer noch der Jahrgang der Mitte 1960er. Diese werden in den nächsten 20 bis 25 Jahren aus dem Berufsleben ausscheiden, und da die nachfolgenden Jahrgänge weitaus schwächer ausfallen, werden auch in Zukunft weniger Menschen die nötigen freien Plätze des Bildungssystems einnehmen können (ebd.). Auch in der nahen Zukunft können die Plätze des Bildungssystems aufgrund der schrumpfenden Bevölkerung nicht einmal auf dem jetzigen Niveau gehalten werden (ebd.).

> „Im Vorschul- und Schulbereich ist der gesicherte Planungshorizont für die Verant-
> wortlichen in Bildungspolitik und -verwaltung sehr kurz, sodass auf Veränderungen
> in der Geburtenentwicklung kaum rechtzeitig reagiert werden kann. [...] Ganz anders
> verhält es sich etwa im Hochschulbereich: Die jungen Menschen, die in den kommen-
> den 20 Jahren die Hochschulen besuchen werden, sind bereits heute geboren und
> der Bedarf an Studienplätzen ist somit bereits heute in etwa voraussehbar"

(Weishaupt, 2013).

Ein Blick auf die Bildungseinrichtungen wirft deshalb weitere Fragen auf. Die Bil-
dungsplanung hängt stark von der zukünftigen Bevölkerungsentwicklung und dem
Anteil junger Leute der Bevölkerung ab (ebd.). Durch sie wird versucht vorauszu-
berechnen, welche Bildungseinrichtungen in der Zukunft wie stark vertreten sein
werden. Aufgrund der verschiedenen Formen der Bildungseinrichtungen und die
verschiedenen Altersklassen, in denen Kinder und Jugendliche diese besuchen, fal-
len die Prognosen jedoch unterschiedlich sicher aus (ebd.).

5.2 Familienstruktur

Auch die Struktur der Familie hat sich im Laufe der letzten 20 Jahre merklich geändert. Ein Blick auf den Vergleich der Jahre 1996 und 2016 der Abbildung 5 zeigt,
dass vor allem die Lebensgemeinschaft ohne Kinder 2016 zugenommen hat und
zwar um 7,2 Prozent. Dazu kommt, dass es immer weniger Ehepaare mit Kindern
gibt. Um fast 9 Prozent ist der Anteil dieser zum Jahr 2016 gesunken (vgl.
WWW.SOZIALPOLITIK-AKTUELL.DE).

Mögliche Ursachen sind empirisch nicht immer belegt, beispielsweise die These
der Individualisierung (HUNGERLAND, 2008). Bei der Individualisierung handelt es
sich um eine

> „zunehmende Unabhängigkeit des individuellen Lebenslaufs von Instanzen, die das
> Eintreten bestimmter biographischer Ereignisse und Übergänge, wie z.B. die Geburt
> des ersten Kindes, die Eheschließung, den Eintritt in das Berufsleben, in der Vergan-
> genheit gesteuert haben. In erster Linie sind dies Geschlecht, Alter und soziale und
> regionale Herkunft gewesen..."

(STROHMEIER, 1993, nach PEUCKERT, S. 362 (zit. nach: HUNGERLAND, 2008))

Aber auch die niedrige Geburtenrate, welche stetig weiter sinkt, erklärt den großen
Anteil an Kinderlosen. Hinzu kommt, dass es immer weniger Kinder je Familie gibt,
was dazu führt, dass sich die Zeit als Familie verkürzt, da die Paare schneller wieder
kinderlos sind. Durch die hohe Lebenserwartung vergrößert sich auch der Anteil

der Lebensformen ohne Kinder, bzw. der Ehepaare, deren Kinder den Haushalt bereits verlassen haben. Diese bestehen zu einem Großteil aus älteren Personen (vgl. WWW.SOZIALPOLITIK-AKTUELL.DE).

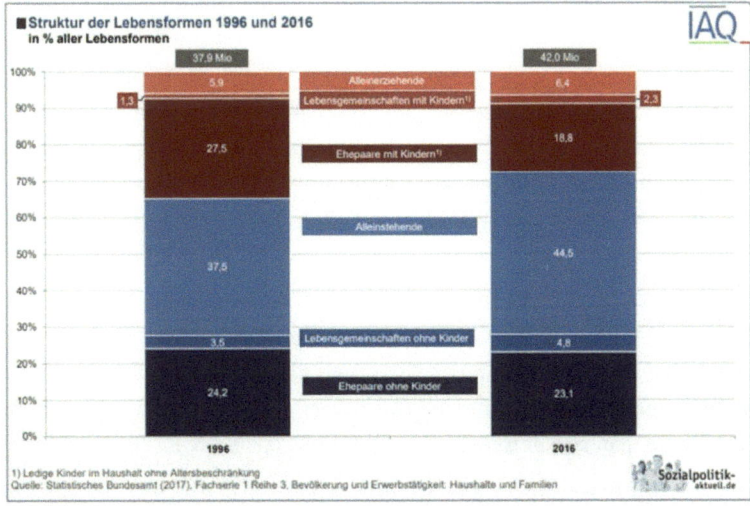

Abbildung 6: Struktur der Lebensformen 1996 und 2016
(www.sozialpolitik-aktuell.de)

5.3 Rollenverteilung innerhalb der Familie

Der demographische Wandel hat in Deutschland nicht nur die Familienstruktur, sondern auch das traditionelle Bild der Familie und die Rolle der Mutter und des Vaters maßgeblich beeinflusst. Die Rolle der Mutter als Hausfrau, die sich um die Kinder kümmert, während der Vater arbeitet, ist nicht komplett aufgehoben, jedoch hat sich dieses konservative Bild in den letzten Jahrzehnten stark verändert. Vor knapp zwei Jahrzehnten sprach Bohrhardt von der „Familialisierung" (BOHRHARDT, 1999: 31) der Frau, da die Familie mit der Frau stets eng verknüpft war (ebd.). Doch die Bindung der Frau an die Kinder hat sich gelockert und durch sozialpolitische Veränderungen auch das Leitbild der Hausfrau (vgl. HELFFERICH, 2017: 192).

Für diesen Wandel sind mehrere Gründe in Betracht zu ziehen. Zum einen spielt die größer gewordene „Bildungs- und Erwerbsbeteiligung der Frauen" (SCHNEIDER N. F., 2012) eine große Rolle, da nun alternative Optionen zur Lebensgestaltung und Familiengründung gegeben sind. Dieser Wandel ist nicht ausnahmslos willkürlich.

Vielmehr ist es eine aktive politische Gegenbewegung zu den Folgen des demographischen Wandels. Ihr Ziel ist es zum einen, die Geburtenrate zu erhöhen und zum anderen, mehr Menschen zur Erwerbstätigkeit zu leiten. Die einzigen Reserven an Arbeitskräften, die noch zu bewegen sind, stellen hier hauptsächlich Frauen und insbesondere Mütter dar.

Diese Politik Deutschlands versucht also, zwei Leitziele zu vereinen: Mehr Humankapital durch Bevölkerungswachstum und daraus resultierend mehr qualifizierte Arbeitskräfte. Das bedeutet aber auch, dass Frauen als Zielgruppe Familie und Beruf vereinen müssen. Sichtbar wird das in familienfreundlichen Regelungen wie Elternzeit, Kindergeld und Kinderbetreuung und flexible Arbeitszeiten (vgl. HELFFERICH, 2017: 192 f).

Ebenso hat sich das Verhältnis zur Elternschaft selbst verändert. Es ist eine freiwillige Entscheidung geworden und nicht zwangsweise mit der Ehe oder einem gemeinsamen Haushalt verbunden. Spätestens seit der Verbreitung der Verhütungsmittel in den sechziger Jahren ist Elternschaft eine aktive Wahl geworden, gegen oder für die man sich entscheiden kann (vgl. SCHNEIDER N. F., 2012).

Aber auch die Erwartungen an die Eltern haben sich in der heutigen modernen Gesellschaft verändert. Die Aufgaben, die ein „guter" Vater oder eine „gute" Mutter zu erfüllen hat, sind heutzutage anspruchsvoller als noch vor ein paar Jahrzehnten (ebd.).

Der Druck, der von der Gesellschaft ausgeht, und die Voraussetzungen, die ein Kind und damit eine gelungene Elternschaft mit sich bringt, sind nicht zu unterschätzen und möglicherweise der Grund dafür, dass viele Paare keinen Kinderwunsch äußern (ebd.).

6 Sozialisation in der Familie

Der Mensch ist ein geselliges Wesen. Von Geburt an befinden wir uns in engem Kontakt zu anderen Menschen. Wir werden somit direkt in die Gesellschaft hineingeboren (vgl. SCHNEIDER & TOYKA-SEID). Im Laufe des Zusammenseins entwickeln und stärken wir Beziehungen. Die wichtigste ist die Beziehung zu unserer Familie. Doch auch Freundschaften werden geschlossen. Wichtige Eckpunkte bilden schon für junge Kinder Kindergarten und Schule sowie Hobbyvereine, in denen sie erste Beziehungen knüpfen. Später werden Arbeitsbeziehungen geschlossen, die dementsprechend weniger freundschaftlich, sondern professionell geführt werden. Unterschiedliche Milieus erfordern unterschiedliche Verhaltensweisen, die schon von Beginn an erlernt und stetig erweitert werden (ebd.). Ein Mensch ist so in ein soziales Netz eingebunden, in dem es gewisse Verhaltensregeln gibt. Diesen Prozess der Anpassung nennt man Sozialisation (ebd.). Er ist wichtig für die Bildung der Persönlichkeit und ein nicht endender Prozess, der ein Leben lang anhält (ebd.).

6.1 Aspekte der Sozialisation

Die Sozialisation versucht die Entwicklung eines Individuums in Verbindung mit seiner Umwelt, der Gesellschaft und all die dafür notwendigen individuellen und sozialen Prozesse zu beschreiben. Im Hinblick auf Familie und Bildung und ihre wechselseitige Beziehung zur sozialen Herkunft bieten sich mehrere Betrachtungsweisen an (vgl. ALLMENDINGER, 2003: 79). Einerseits sollte die gesellschaftliche Ebene beleuchtet werden, da sie die Funktion und Wirkungsweise der Institution Schule in der Gesellschaft und die damit verbundene Chancengleichheit und -ungleichheit zu ergründen versucht (ebd.). Geht man eine Ebene tiefer, stellt sich die Frage nach dem individuellen Nutzen von Bildung, welchen Zugriff man auf sie hat und inwiefern sie den individuellen Lebenslauf prägt. Dies zusammengefasst mündet in der Frage nach der Institution Schule selbst und in welcher Weise sie und die Familie sich auf die Laufbahn und den Bildungserfolg eines Individuums ausprägt (ebd.).

Es ergeben sich immer wieder Diskussionen rund um das Bildungssystem. Daraus ergeben sich Kritiken wie die Schulreform „G8" von 2012 bis 2015, welche die Schullaufbahn von dreizehn auf zwölf Jahre verkürzte. Der ökonomische Gedanke dahinter wurde stark kritisiert und das nicht zum ersten Mal (vgl. KNAUß, 2016).

Schon Graf Otto von Bismarck kritisierte im 19. Jahrhundert die Überflutung höherer Schulen von jungen unbegabten Leuten mit der Begründung, dass Schule nicht allein für den Bildungserfolg verantwortlich sein könne (vgl. ALLMENDINGER, 2003: 80). Sie sei neben der natürlichen Begabung und dem sozialen Hintergrund nur ein Teilaspekt auf dem Weg zum Erwachsenwerden und könne den inkorporierten Habitus eines Arbeiterkindes selbst durch hohe Bildung nicht ändern (ebd.). Die Zahl der Auszubildenden solle deshalb an die Anzahl der freien Ausbildungsplätze angepasst sein. Die heutige Situation sieht nun anders aus. Bildung ist als fester Bestandteil der Demokratie ein Bürgerrecht und an sich jedem zugänglich (ebd.).

Aufgrund der dargestellten Problemfelder der Sozialisation wird in den folgenden Kapiteln geklärt, ob der Zugang zur Bildung tatsächlich gerecht ist und ob die soziale Herkunft einen Einfluss auf die Schullaufbahn eines Kindes hat (ebd.). Das heißt, ob Kinder aus höheren Bildungsschichten gegenüber Arbeiterkindern automatisch bevorzugt werden, und wenn ja, welche Prinzipien dahinter stecken (ebd.). Und in diesem Zusammenhang die Frage, ob ein höherer Bildungsabschluss auch durch höhere Kompetenzen gerechtfertigt werden kann oder das Gegenteil besteht (ebd.).

6.2 Sozialisation in der Gesellschaft: Bourdieu

Es gibt viele Theorien der Sozialisation. Für diese Arbeit soll jedoch die Sozialisationstheorie Bourdieus herangezogen werden, da die „Habitualisierung" (BAUMGART, 1997: 199) eine große Rolle im Werdegang und der schulischen Laufbahn eines Kindes spielt und ebenfalls für die Unterschiede in der Entwicklung eines jedes Kindes verantwortlich ist (vgl. BAUMGART, 1997: 199).

Als einer der bedeutendsten kritischen Sozialwissenschaftler der Gegenwart hat Pierre Bourdieu die Sicht auf die Gesellschaft revolutioniert (ebd.). Der entscheidende Punkt, in dem er sich von anderen großen Sozialwissenschaftlern unterscheidet, ist der, dass er den Menschen weniger als eigenständig individuell handelndes Wesen beschreibt, wie es beispielsweise Durkheim macht, sondern von einem System von Mustern, Regeln und Verhaltensweisen ausgeht, in das ein Mensch hineingeboren wird (ebd.: 202). Kritisch deshalb, da Bourdieu von einem „verborgenen Mechanismus der Macht" (ebd.: 199) ausgehend von der führenden sozialen Schicht der Gesellschaft spricht, die jegliche gesellschaftliche Institution steuert. Damit ist gemeint, dass das bestehende System sich an den Interessen der führenden sozialen Schicht orientiert und es so weiter begünstigt, anstatt es zu hinterfragen (ebd.). Mit seinem Werk „Die feinen Unterschiede" weist Bourdieu ausdrücklich auf diese Zustände hin und belegt sie mit einer Vielzahl an empirischen Beweisen (ebd.). Er beschreibt die Gesellschaft als einen sozialen Raum, in dem die

Handelnden je nach sozialer Schicht, denen sie angehören, gewisse Regeln zu befolgen haben (ebd.). Die Handelnden, damit meint Bourdieu die Subjekte oder Individuen, sind in festen sozialen Gruppen eingeordnet. Die Zuordnung und das Handeln geschehen unbewusst und automatisch aufgrund vieler Kriterien wie sozialer Herkunft, das Aussehen, das Handeln und der Lebensstil.

Hervorzuheben ist hierbei, dass die Handelnden der Überzeugung sind, ihre Entscheidungen seien individuell gefällt, jedoch sind sie „vorprogrammiert". Bourdieu spricht hier von dem „sozialen Schicksal" (ebd.: 199) und meint damit, dass jegliches Handeln der Individuen nur auf den ersten Blick nach den jeweiligen Vorlieben und Interessen gefällt werden, sich aber von Anbeginn an den Stil der sozialen Schicht richten und lediglich ein Ergebnis der Normen und Muster des entsprechenden sozialen Raumes sind, in dem sich die Handelnden befinden (ebd.). Die Auswirkungen der Position im sozialen Raum sind auf die Handelnden nahezu allumfassend. Die „schichtspezifische Sozialisation" (BAUMGART, 1997: 199) ist ein allgegenwärtiger Prozess, in dem der Handelnde sich entwickelt, Beziehungen knüpft und sich entfaltet. Dies wird in folgendem Zitat verdeutlicht:

> „Welche Vorlieben und welchen Geschmack wir haben, wie wir unsere Wohnung einrichten und welchen Kleidungsstil wir mögen, selbst unsere Art der Körperhaltung und -bewegung sind demnach Ausdruck unserer Position im sozialen Raum"

(BAUMGART, 1997: 199).

Bourdieu geht aber noch weiter und unterteilt die Gesellschaft in drei verschiedene Schichten, die jeweils gewisse Charakteristika aufweisen und sich so voneinander abgrenzen. Die oberste Schicht zeichnet sich dadurch aus, sich von den unteren Schichten so stark wie möglich abzugrenzen und diesen Unterschied zu bewahren. Die Mittelschicht charakterisiert die „Prätention" (ebd.: 200), also das stetige Bemühen, zu der Oberschicht gehören zu wollen. Die Unterschicht kennzeichnen hingegen der Überlebenswille und das Notwendigste, was es zur Existenzerhaltung braucht (ebd.: 200).

Bei dem Bestreben, die eigene Stellung im sozialen Raum zu verbessern, was entgegen einigen Kritikern durchaus möglich ist, da die Habitualisierung ein fließender, sich stets weiterentwickelnder Prozess ist, kommt es auf die Kapitalien an, die ein jeder Handelnder besitzt (ebd.). Mit Kapital ist hier nicht nur das wohl bekannteste ökonomische Kapital gemeint, welches natürlich auch einen großen Einfluss auf die Position jedes Individuums im sozialen Raum hat, sondern darüber hinaus auch soziales und kulturelles Kapital. Denn es macht einen großen Unterschied, wie viele Bücher in einem Haushalt vorhanden sind, ob ein akademischen Titel hat, Golf spielt oder täglich Unterhaltungsshows im Fernsehen schaut (ebd.: 200f). Kulturelles Kapital umfasst also alle Dispositionen kultureller Art, die man über seine Familie inkorporiert hat, also auch die Sichtweise und den Umgang auf/mit Bildung und Kultur (ebd.: 201). Alle Kapitalsorten hängen eng miteinander zusammen und bedingen sich gegenseitig. So ist auch das soziale Kapital, also die Beziehungen, die man bildet und pflegt, geprägt von dem Kapitalvolumen des Handelnden (ebd.). Alle Kapitalien lassen sich zudem wie bei einem Spiel einsetzen. Der Handelnde, der seine Position im sozialen Raum erkannt hat, kann seine Beziehungen, sein angereichertes Wissen oder sein Geld nutzen und so seine Stellung in der Gesellschaft verbessern. Dafür benötigt das Individuum jedoch gewisse Kompetenzen und die Regeln sind zu beachten, die ein jeder sozialer Raum mit sich bringt und was das einfach „Aufsteigen" zwischen den Klassen erschwert (ebd.). Denn die „Regeln", also Verhaltensweisen, Denkweisen, Lebensstile und Geschmäcker der jeweiligen Klasse können nicht so einfach erlernt oder nachgeahmt werden, denn sie sind inkorporiert, also von Geburt an den Handelnden gebunden. Bei dem Versuch sich zu geben wie ein Handelnder aus einer höheren Schicht kann es schnell dazu kommen, nicht ernst genommen zu werden und zu scheitern, da es sich dann um ein auferlegtes, künstliches Verhalten handelt und keine Verkörperung der sozialen Schicht vorliegt (ebd.). So ist eine Verbesserung der sozialen Lage nur innerhalb bestimmter Grenzen möglich (ebd.).

Die Stellung im sozialen Raum und den eigene Lebensstil fasst Bourdieu zusammen als Habitus (ebd.: 203). Der Habitus beinhaltet nicht nur Fähigkeiten, sondern auch die Art und Weise wie wir denken, sprechen und handeln, wobei wir wieder am Anfang des Kapitels wären: Der Mensch als Ergebnis der „Vergesellschaftung" (ebd.), ein Prozess, bei dem Werte verinnerlicht werden und der Mensch abhängig von seiner sozialen Position ganz bestimmte Ansichten verkörpert (ebd.).

6.3 Sozialisation in Schule und Umfeld

Wie im vorherigen Kapitel erläutert wurde, zeichnen sind die Akteure eines Feldes durch ihren Habitus aus. Dieser trägt die verschiedenen Kapitalformen und Kapitalvolumina in sich und sorgt so dafür, dass sich unterschiedliche Gesellschaftsklassen herausbilden (vgl. PAPILLOUD, 2003: 61f). Die soziale Klasse entscheidet also letztendlich, in welches Feld ein Individuum eintritt. In Bezug auf das Feld des Wissens ist die Herkunft der Schüler also entscheidend für die Position und den Erfolg in diesem Feld (ebd.). Je nach sozialer Schicht des Kindes unterscheidet sich letztlich auch das Verhältnis zur Schule. Denn wie auch in der Gesellschaft gibt es ebenfalls in der Schule das Prinzip der sozialen Klassen, in die ein Kind hineingeboren wird. Da der Habitus und das habituelle Verhalten inkorporiert sind, handeln Eltern und Kinder, ohne es zu merken nach gewissen „Regeln" ihrer Klasse und grenzen sich so von andern Klassen ab (ebd.: 62). Während die Akteure der kulturell herrschenden Klasse darauf bedacht sind, ihr Kind durch intensive Förderung und Bildung eine möglichst reibungslose und erfolgreiche Bildungslaufbahn zu ermöglichen, zeichnet sich die Arbeiterklasse oft dadurch aus, einen schnellen Einstieg ins Berufsleben zu finden (ebd.). Hinzu kommt, dass durch den Selektionsprozess innerhalb der schulischen Laufbahn die Arbeiterklasse weiterhin benachteiligt wird, da das Schulsystem ein System der herrschenden Klasse ist. Diese Selektion, die zugunsten der herrschenden Klasse geschieht, beginnt bereits in der Schullaufbahn, was sich an dem Anteil und der Verteilung der verschiedenen Herkunftsklassen in der jeweiligen Schulform nachweisen lässt (ebd.).

7 Familie und soziale Ungleichheit

Die Frage nach den Gründen der sozialen Ungleichheit, die sich durch das ganze Schulsystem zieht und repetitiv für geringe Chancengleichheit sorgt, fängt bei der Herkunft und der Familie an. Neben allen (scheinbaren) Bemühungen des Schulsystems für Bildungschancen zu sorgen, trägt doch die Familie einen großen Beitrag zur schulischen Entwicklung ihres Kindes bei. Also woran liegt es demnach, dass Kinder aus sozial schwachen Familien nach wie vor benachteiligt werden (vgl. GEIßLER, 2006: 40)?

Es beginnt meist bei den Bildungsentscheidungen der Eltern, die je nach sozialer Stellung unterschiedlich ausfallen. Während Eltern aus höheren sozialen Schichten ihr Kind in den meisten Fällen aufs Gymnasium schicken, und das selbst dann, wenn das Kind nur mäßig gute Noten hat, scheinen Eltern aus niederen Schichten diesen Weg zu meiden, ebenfalls meist auch dann, wenn das Kind relativ gute Noten hat (ebd.: 42). Dies mag zum einen an den eigenen individuellen Erfahrungen der eigenen Bildungslaufbahn liegen aber auch an dem geringen ökonomischen sowie kulturellem Kapital, welches vor heiklen Bildungsentscheidungen abschreckt (ebd.). Generell fällt auf, dass die Oberschicht mehr darauf bedacht ist, sich von der Unterschicht abzugrenzen und diesen Abstand zu bewahren, als der Wille der Unterschicht, den sozialen Aufstieg zu wagen (ebd.).

Es sind jedoch noch mehr Faktoren für die Erklärung des Zusammenhangs zwischen Familie und sozialer Ungleichheit verantwortlich, die in den folgenden Unterkapiteln vorgestellt werden sollen.

7.1 Der soziale Raum

Die Gesellschaft nach Bourdieu ist ein erkenntnistheoretisches Geflecht aus verschiedenen „Feldern", welche zusammen den „Raum" bilden (vgl. PAPILLOUD, 2003: 35) Mit Feldern ist hier die Gesamtheit der gesellschaftlichen Bereiche gemeint, also unterschiedliche Milieus, die jeweils eine eigene Logik haben, in denen deren Individuen aufgrund ihrer Milieus sich durch gewisse Verhaltensweisen auszeichnen (ebd.). Der Raum fasst schließlich all diese Dispositionen und sozialen Akteure der Felder zu einer Summe von Unterschiedsbeziehungen zusammen (ebd.):

„Die Struktur des Feldes – gleichsam seine Ordnung- ist eine Struktur von Machtbe-
ziehungen zwischen differenzierten Akteuren. Das Prinzip der Ordnung gilt für alle
Felder der Gesellschaft, auch wenn sich die einzelnen Elemente der Struktur von Feld
zu Feld unterscheiden."

(PAPILLOUD, 2003: 63)

7.2 Kapitalsorten

Die Eigenschaften, die ein Akteur in der Gesellschaft besitzt, bezeichnet Bourdieu
als Kapital (PAPILLOUD, 2003: 45). Dabei unterscheidet er einerseits zwischen Kapitalsorten und Kapitalvolumen. Demnach hat ein jedes Individuum ein gewisses
Repertoire an Kapitalsorten, die es sich bewusst oder unbewusst angeeignet und
entwickelt hat (ebd.). Die wichtigsten Ressourcen der Akteure können in ökonomisches Kapital, also materieller Besitz und Geld, in soziales Kapital, das heißt jegliche Form von sozialer und zwischenmenschlicher Beziehungen in Beruf, Verwandtschaft oder Freundschaft sowie in kulturelles Kapital zusammengefasst werden (ebd.). Dabei lässt sich das kulturelle Kapital nochmals aufspalten in inkorporiertes Kulturkapital, also Bildung und Verinnerlichungsprozesse, die Zeit kosten
und zum Habitus einer Person gehören, objektiviertes Kulturkapital, also materiell
und symbolisches Kapital wie Bücher und Gemälde, für dessen Genuss aber inkorporiertes Kapital notwendig ist und letztlich institutionalisiertes Kulturkapital in
Form von Titeln und Abschlüssen, das heißt rechtlich und offiziell anerkannte Kompetenzen (vgl. BOURDIEU, 1983: 186).

An dieser Stelle soll noch einmal näher auf die verschiedenen Kapitalsorten eingegangen werden, da ihr Erwerb und Besitz unterschiedlichen Ursprungs sind und
sich wesentlich auf den Habitus des Akteurs auswirken. Das ist daher von Bedeutung, als dass es die späteren Diskrepanzen und scheinbare „Ungerechtigkeiten" in
der Schullaufbahn von Kindern erklärt (vgl. PAPILLOUD, 2003: 46).

Inkorporiertes Kulturkapital

Das Wesentlich an dem kulturellen Kapital ist die Tatsache, dass es stark verinnerlicht ist, wodurch die Akteure nicht bewusst nach einem bestimmten Muster handeln. Daher ist es körpergebunden, also inkorporiert (vgl. BAUMGART, 1997: 218f).
Das bedeutet, dass der Erwerb dieses Kapitals vom Akteur selbst vorgenommen
werden muss und nicht von außen auferlegt werden kann. Dieser Erwerb im Sinne
von (Weiter)Bildung kostet Zeit und ist somit eine persönliche Investition ähnlich
wie ökonomisches Kapital (ebd.: 219).

„Wer am Erwerb von Bildung arbeitet, arbeitet an sich selbst, er ‚bildet' sich. Das setzt voraus, daß man ‚mit seiner Person bezahlt', wie man im Französischen sagt. D.h., man investiert vor allen Dingen Zeit, aber auch eine Form von sozial konstuierter Libido, die „libido sciendi", die alle möglichen Entbehrungen, Versagungen und Opfer mit sich bringen kann."

(BAUMGART, 1997: 219)

Je nachdem also, wie die Eltern die schulische Laufbahn ihres Kindes vorsehen, kann der Wert Zeit sowohl positiv als auch negativ als Maßstab gesehen werden, der zum Bildungserfolg führt (ebd.). Und da Bildung zum inkorporierten Kapital gehört, wird das erworbene Wissen und Können Besitz des Akteurs. Als fester Bestandteil der Person, als inkorporiertes Gut, kann es nicht vererbt oder verschenkt werden und wird von der Person selbst oft nur unbewusst wahrgenommen (ebd.: 219f). Da das kulturelle Gut so fest mit dem Individuum verschmolzen ist, bleibt es verborgen und wird so unbemerkt nur durch soziale Vererbung weitergegeben. So wird es nicht als eigentliches Kapital wahrgenommen, sondern lediglich als Fähigkeit, die doch (scheinbar) ganz willkürlich angeeignet wurde (ebd.: 220f).

Soziales Kapital

Soziales Kapital beinhaltet jegliche Form von Beziehung und Anerkennung mit und durch Personen und Gruppen. Das reicht von freundschaftlicher Beziehungen über Verwandtschaft bis hin zu institutionalisierten Beziehungen, wie sie bei der Zugehörigkeit zu einer Gruppe stattfinden (ebd.: 224). Materielle und symbolische Akte sind bei den Austauschbeziehungen zwischen Individuen und Gruppen untrennbar miteinander verknüpft und notwendig, um diese Beziehungen zu ermöglichen und aufrecht zu erhalten. Dabei kann ein Individuum Profite aus gewissen Zugehörigkeiten schlagen und Beziehungen zum eigenen Nutzen schließen (ebd.: 224f).

Ökonomisches Kapital

Dies ist die wohl offensichtlichste Form von Kapital. Durch den Erwerb von materialistischen Dingen wird nicht nur das Individuum charakterisiert, sondern auch die Zugehörigkeit zu einem bestimmten Milieu verdeutlicht. Der Besitz eines bestimmten Guts kann demnach einen Akteur aufwerten, obwohl das für die Klasse notwendige Wissen und Verhalten nicht vorhanden ist. Im Gegenteil zum kulturellen Kapital lässt sich das ökonomische Kapital vererben oder verschenken und so an die nachfolgende Generation weitergeben (vgl. PAPILLOUD, 2003: 46f).

Jedes Individuum besitzt nun unterschiedlich viel von jeder Kapitalsorte. Das ist abhängig von dem Milieu und den Umständen, in dem es lebt. Die Kapitalsorten bilden also die Eigenschaften, die das Individuum ausmachen (ebd.). Das Kapital-volumen ist demnach umso höher, je ausgeprägter ein Akteur eine Kapitalsorte in-korporiert hat. Dies kann ein jeder Akteur aber auch bewusst beeinflussen (ebd.). Durch aktive Bildung kann das inkorporierte Kulturkapital erhöht werden, wodurch der Handelnde bewusst sein Kapitalvolumen vergrößern und es in den verschiedenen Bereichen der Gesellschaft und Lebenssituationen zu seinem Vor-teil nutzen kann. Dabei bildet jeder Mensch im Laufe seines Lebens unterschiedli-che Kapitalvolumina aus und bildet auch seine eigene Strategie, diese „anzuwen-den" (ebd.: 45f). Das erklärt die Unterschiede jedes Akteurs, denn die verschiede-nen Kapitalarten bilden die Ressourcen des Habitus. Je nachdem wie effizient eine Person seine Kapitalvolumina ausprägt, bilden sich die Unterschiede zu anderen Akteuren und so kommt es zu den verschiedenen Abgrenzungen innerhalb eines Milieus (ebd.: 46).

7.3 Kapitalsorten in der Familie

Frühere wie aktuelle Studien und Untersuchungen bestätigen, dass eben diese Ka-pitalien zu einem großen Teil in der Familie weitergegeben werden (vgl. BERTRAM, 1991: 236). Somit hat die Lebenslage der Familie nach wie vor einen bedeutenden Einfluss auf den Bildungserfolg und die weiterführende Laufbahn eines Kindes. Je nach „ökonomischer Lage der Familie" (BERTRAM, 1991: 236) unterscheiden sich auch die in der Familie vorhandenen Werte, Verhaltensmuster und Orientierungen. Daraus resultiert, je nach Ausprägung der jeweiligen Werte und Ansichten, wie eine Familie zu Bildung steht, welchen Stellenwert sie in der Gesellschaft einnimmt und welchen sozialen Einfluss sie hat (ebd.).

In diesem Kontext ist hauptsächlich von „soziokulturellem Kapital" (BERTRAM, 1991: 236) die Rede. Natürlich wird auch ökonomisches Kapital von den Eltern an die Kinder und meist auch über Generationen weitergegeben. Größtenteils in Form von Geld, Erbe, aber auch Wertgegenstände oder Wohnsitze können als ökonomi-sches Kapital gesehen werden (ebd.). Diese spielen jedoch bei der Frage nach (der Reproduktion) sozialer Ungerechtigkeit im Bildungssystem eine eher untergeord-nete Rolle. Das rührt daher, dass sich unter anderem auch die materielle Lage in der Gesellschaft in den Letzten Jahrzehnten verbessert hat (ebd.: 237).

„Das heißt, der Zusammenhang zwischen sozialer Herkunft, Bildungs- und Berufs-, Einkommens- und Wohnverhältnissen hat sich gelockert, und die statusmäßige Mobilität zwischen den Generationen vergrößert"

(BERTRAM, 1991: 237).

8 Was ist Bildung?

Um an den in Kapitel 7.3 beschriebenen Zusammenhang zwischen Bildungs-, Berufs- und Einkommensverhältnissen anzuknüpfen, muss vorerst der Begriff der Bildung erläutert werden. Eine eindeutige Definition von Bildung lässt sich nicht formulieren, denn je nach Betrachtungsstandpunkt kann Bildung verschiedene Schwerpunkte haben. Der BUNDESVERBAND FÜR BILDUNG, WISSENSCHAFT UND FORSCHUNG E.V. definiert Bildung beispielsweise als Formung des Menschen. Dabei sei sowohl der Vorgang des „sich Bildens" als auch der Zustand des „gebildet sein" gemeint (vgl. BUNDESVERBAND FÜR BILDUNG, WISSENSCHAFT UND FORSCHUNG E.V., o.J.). Der Bildungsbegriff wird hier vielseitig beschrieben. Als ein Prozess, der nicht nur Bildungstheorien und Bildungsideale mit sich bringt, sondern auch ein Leben lang die Entwicklung des Menschen steuert und seine Kompetenzen erweitert. Ein Mensch könne sich jedoch nur soweit kulturell, sozial oder persönlich bilden, wie es seine „persönlichen Anlagen" (ebd.) und sein Umfeld, also Zeit und Raum, zulassen. So sind die Chancen auf Bildung und die letztendliche Umsetzung des „sich Bildens" je nach Herkunft und soziale und kulturelle Situation nur innerhalb gewisser Grenzen möglich (ebd.). Der Begriff Bildung wird zudem meist in Verbindung mit dem Lehren und Lernen verstanden, bis Wilhelm von Humboldt ihn in die Richtung der Persönlichkeitsbildung und (Aus-) Bildung des Charakters gelenkt hat (ebd.).

9 Bildungsformen und -chancen

Auch wenn sich viel im deutschen Bildungswesen getan hat, in vielen Köpfen herrscht immer noch das Bild eines „traditionellen Bildungsverständnisses" (OTTO & COELEN, 2004: 7). Die Vorstellung, dass Kinder hauptsächlich über die Schule ihr Wissen erlangen und durch sie ausgebildet werden, sollte jedoch mit Vorsicht betrachtet werden. Denn auch wenn die meisten Schüler und Studierenden mittlerweile ein viertel ihrer Lebenszeit in Schulen und Universitäten verbringen (vgl. FLOREN, 2004: 155), sollte die rein formale Bildung nur als ein Teilaspekt der auf Kinder und Jugendliche einwirkende Bildung gesehen werden (vgl. OTTO & COELEN, 2004: 7). Ein weitaus größerer Teil, besonders in Bezug auf die Lebenszeit, stellt die außerschulische Bildung dar. Durch Familie, Freunde und Freizeitgestaltungen wird die individuelle Entwicklung maßgeblich gefördert (ebd.). Aus welchen Faktoren sich das Bildungsangebot zusammensetzt und was getan werden muss, um die Reproduktion der Chancenungleichheit im Bildungssystem zu verringern, wird in den nachfolgenden Kapitel ergründet.

9.1 Perspektiven der Bildung

Bildung hat viele verschiedene Ebenen. Zum einen kann man sie in schulische und außerschulische Bildung einteilen. Die Bildung, die ein Individuum in jeglicher Art von Schule erfährt, zählt zu den „formalen Bildungskontexten" (vgl. ECARIUS & EULENBACH, 2012: 109). Mit Bildungskontext ist hier das Angebot von Bildung gemeint. Es gibt jedoch auch „non formale Bildungskontexte", die dem Angebot der Schule ähneln und oft in enger Verbindung zu ihr stehen, beispielsweise Nachhilfe oder Volkshochschulen (ebd.). Außerhalb dieser Bereiche bilden sich Heranwachsende bewusst und unbewusst in ihrer Familie, unter Freunden oder durch Medien. All das fällt unter „informelle Bildungskontexte" (ebd.). Diese drei Bereiche schließen sich zwar nicht aus, jedoch unterscheiden sich anhand unterschiedlicher Merkmale, auf die im nachfolgenden Kapitel weiter eingegangen wird. Gemeinsam haben sie jedoch, dass diese von außen auf das Individuum einwirken. Es gibt jedoch auch Faktoren, die von innen die Bildungspraxis, also den Umgang des Subjekts mit dem Bildungsangebot, beeinflussen (ebd.: 122). Bourdieu spricht hierbei vom „Bildungshabitus" (ECARIUS & EULENBACH, 2012: 122), also von der inneren Einstellung zu Bildung und dem kulturellem Kapital, das innerhalb der Familie vorliegt (ebd.).

9.2 Außerschulische Bildung von Jugendlichen und Kindern

Das Bildungsverständnis in Deutschland ist hauptsächlich auf die schulische Laufbahn ausgelegt (vgl. HARRING, ROHLFS, & PALENTIEN, 2007: 237). Doch Studien wie PISA weisen immer eindeutiger daraufhin, dass es viele Faktoren gibt, welche die Laufbahn der Schüler sowie ihre Bildung außerhalb des Schulgebäudes maßgeblich beeinflussen (ebd.). Auf die Ergebnisse der PISA-Studie 2015 soll im nachfolgenden Kapitel noch eingegangen werden. Zuerst wird jedoch die Frage geklärt, welchen Stellenwert die Institution Schule im Leben von Kindern und Jugendlichen hat, da sie neben Gleichaltrigen, Eltern und den Medien nur eine von vielen Quellen der Bildung und des sozialen Werdegangs darstellt (ebd.).

Dass die Familie als Gegenstruktur zur Gesellschaft eine große Bedeutung für die kindliche Entwicklung und Sozialisation hat, wurde bereits herausgestellt. Studien zur Jugendforschung bestätigen dies: die Shell-Jugendstudie aus dem Jahr 2006 und 2010 zeigt, dass 72 Prozent der Jugendlichen eine Familie für ein „glückliches Leben" brauchen (ECARIUS & EULENBACH, 2012: 33). Gründe dafür sind vor allem der Rückhalt, den sie in der Familie erfahren. Dazu gehört nicht nur die Unterstützung in den ersten eigenen Entscheidungen der Heranwachsenden sowie die Ressourcen der Eltern, die, ganz nach Bourdieu, sowohl materiell als auch kulturell und sozial sein können (ebd.: 33ff), sondern auch Ratschläge zum Umgang mit anderen Menschen, die von älteren Bezugspersonen gelernt werden und maßgeblich den Sozialisierungsprozess der Kinder prägen (ebd.: 33). Doch gerade in Bezug auf die soziale Herkunft lassen sich auch hierbei Unterschiede feststellen. Der Zusammenhalt zwischen Eltern und Kinder scheint in der oberen Gesellschaftsschicht stärker zu sein als bei unteren Gesellschaftsschichten. Rund 70 Prozent der Jugendlichen aus der Oberschicht wenden sich bei Problemen an ihre Eltern, während dies nur circa 40 Prozent der Jugendlichen aus der Unterschicht tun (ebd.). Differenzen gibt es auch beim Kapital, das in der Familie vorhanden ist. Je nachdem, wie gut die Eltern mit sozialem, kulturellem und ökonomischem Kapital ausgestattet sind, fällt dementsprechend die Unterstützung für die Nachkommen aus. Das betrifft insbesondere das Verhalten untereinander, Lebensansichten und Erziehung (ebd.: 35). Auch wenn viele Aufgabenbereiche der Eltern heutzutage von der Schule übernommen werden, bleibt die Familie besonders in den ersten Lebensjahren der Kinder ein wichtiger Bildungsort (ebd.). Hier lernen sie Umgang, Sitten und Gebräuche je nach sozialem Milieu, in dem sie aufwachsen. Das prägt die eigene Identität, die Einstellungen zu Beziehungen, eigene Vorlieben und Ansichten und sorgt so dafür, dass das inkorporierte Verhalten einer sozialen Schicht unbewusst an die nächste Generation weitergegeben wird (ebd.).

Die Institution Schule bildet dazu einen Gegensatz, betrachtet man die rein formale Bildung, die von ihr ausgeht. Doch auch die Schule trägt zu Sozialisation der Kinder und Jugendlichen bei, da neben dem Erwerb von Wissen hier auch der Umgang mit Gleichaltrigen und Lehrern stattfindet (vgl. WATERMANN, 2003: 64). Da die Schulzeit einen relativ langen Zeitraum im Leben Heranwachsender einnimmt, formt sie die formale sowie informelle Bildung der Schüler durch Wissenszuwachs, aber auch durch Auseinandersetzung mit der Institution Schule und dem Bildungssystem an sich (vgl. ECARIUS & EULENBACH, 2012: 36). Man orientiert sich, fühlt sich dazugehörig oder grenzt sich vom Leistungssystem ab (ebd.). In diesem Kontext ist wichtig zu erwähnen, dass es einen Zusammenhang zwischen Elternhaus und Schule gibt. Je nachdem aus welchem sozialen Milieu das Kind stammt, wird es auch dementsprechend Unterstützung der Eltern in Hinblick auf die schulische Bildung erhalten. Kurz gesagt: Kinder aus bildungsschwachen Familien bekommen weniger Ressourcen bereitgestellt, was die Aussichten auf eine erfolgreiche Bildungslaufbahn einschränkt (ebd.: 37).

Neben Schule und Familie bilden Peergroups eine weitere große Sozialisationsinstanz im Leben von Jugendlichen (ebd.: 38). Sie bilden sich aus befreundeten Jugendlichen meist gleichen Alters und bieten den Angehörigen ebenso Rückhalt und soziale Beziehungen ähnlich einer Familie. Auch in Peergroups gibt es informelle Bildungskontexte (ebd.: 109). Zum einen erfahren viele Jugendliche durch die Zugehörigkeit einer Gruppe eine erste Abgrenzung zum Elternhaus, doch auch im Freundeskreis herrschen gewisse Regeln und Normen. Es werden Weltansichten geteilt und Meinungen ausgetauscht. Diese „Eigenwelt" (ebd.: 38) der Peers hat einen großen Einfluss auf die persönliche Entwicklung der Individuen. Dabei kann sich eine Clique jedoch nicht nur positiv auf Jugendliche auswirken. Je nach sozialem Milieu, kulturellem Hintergrund und Geschlecht kommen einige Jugendliche hier zum ersten Mal mit Gewalt und Kriminalität in Kontakt (ebd.: 39).

Neben den sozialen Beziehungen spielen besonders in der heutigen modernen Gesellschaft Medien eine immer größere Rolle. Auch wenn sie in Sozialisationstheorien noch keinen festen Platz haben, kann der Wandel der Gesellschaft und die Individualisierung Jugendlicher heute nicht mehr betrachtet werden, ohne Medien miteinzubeziehen (ebd.: 184). Im Vergleich aller Lebensabschnitte sticht die Jugendphase hervor, denn zu dieser Zeit finden Medien den größten Anklang (ebd.). Wenn die Sozialisierung auch weitestgehend über Kontakte und Interaktionen geschieht, so haben Erzählungen und Bilder in den Medien, beispielsweise über Videospiele, Onlineportale und Medienstars, eine ähnliche Wirkung auf junge Leute (ebd.: 185 f).

Immer häufiger wird deshalb davon ausgegangen, dass die Identität Heranwachsender vieler Einflussfaktoren im Laufe der Zeit ausgesetzt ist. Sie ist ein Gesamtwerk aller Erfahrungen, Werte und Ansichten, die ein Kind in jedem Lebensabschnitt erfahren und gesammelt hat, wobei traditionelle Instanzen wie Sport- und Jugendvereine mehr und mehr in den Hintergrund rücken und soziale Medien an Gewicht gewinnen (ebd.: 186).

9.3 Zusammenhang von Bildungschancen und sozialer Herkunft

> Nach Bourdieu sind „[d]ie Zugangschancen zur Universität [...] das Ergebnis einer über die gesamte Ausbildungszeit wirksame Selektion, deren Unerbittlichkeit je nach sozialer Herkunft ganz unterschiedlich ausfällt. Tatsächlich handelt es sich für die meisten benachteiligten Klassen dabei schlicht und einfach um eine ‚Eliminierung'."

(Bourdieu & Passeron, Die Erben, 2007: 11)

Das was BOURDIEU vorab treffend zusammenfasst hat, ist das Ergebnis eines Systems der fortwährenden Reproduktion von sozialer Ungleichheit beginnend in der Gesellschaft und verfestigt durch die Schule. Die Universität spiegelt in diesem Gesamtbild die Spitze des Eisbergs wider. In ihr zeigt sich das Ergebnis einer Verkettung von sich gegenseitig bedingenden sozialen und kulturellen Faktoren, welche ungleiche Chancen im Bildungssystem mehr befürworten als unterbinden (ebd.).

Die Benachteiligung der unteren Gesellschaftsklassen ist an Universitäten so deutlich wie an keiner anderen Bildungseinrichtung. Das mag daran liegen, dass Studierende, bis sie schließlich eingeschrieben sind, bereits eine lange Laufbahn im Bildungssystem hinter sich haben, in der die Faktoren der sozialen Ungleichheit permanent auf das Individuum eingewirkt und es geformt haben (ebd.: 25). Studierende sind somit „Produkte des Bildungswesens" (BOURDIEU & PASSERON, 2007: 24), entstanden durch den Mahlstrom Schule. In ihnen wird sichtbar, woher sie kommen und wer sie sind. Je nach sozialer Herkunft zeigt sich ihr habituelles Verhalten in ihrem Verhältnis zur Schule und zum Studium. Denn obwohl alle Studierenden gemeinsam haben, dass sie studieren, unterscheidet sie die unterschiedlichen Einflüsse ihrer familiären Herkunft und ihrer sozialen Schicht. Der Umgang mit dem Wissen und das Aneignen von Wissen erscheint dem einen als selbstverständlich, während es dem anderen als mühselige Pflicht erscheint. Bestimmte Studienfächer werden mit einem bestimmten Milieu verbunden und dieses mit einem bestimmten Ansehen. Für die Oberschicht mag es selbstverständlich erscheinen, in die Fußstapfen des Vaters zu treten und ebenfalls Medizin oder Jura zu studieren. Die Studierenden der Unterschicht sind sich jedoch in erster Linie der Macht eines Diploms bewusst und haben sich diese zielstrebig und mit Fleiß erarbeitet (ebd.). Doch nicht nur die Motivation, auch die Regeln des Bildungssystem und das Wissen um seine eigene Herkunft führt entweder zur Sicherheit oder Unsicherheit im Umgang mit der Schule, welches wiederum von anderen erkannt und als dieses festgestellt wird (ebd.). Tief verwurzelte kulturelle Erfahrungen und Einflüsse führen deshalb zu dem, was ein Schüler entweder als Talent oder Unbegabtheit bezeichnen würde. Letztlich sind es jedoch die Ergebnisse „multiplikatorischen Wirkungen" „ererbter Einstellungen" (BOURDIEU & PASSERON, 2007: 25). Daraus folgt, dass diese gewissen Ansichten der Studierenden aus niederen Gesellschaftsklassen über sich selbst und das Studium auch während des Studiums anhalten. Sie haben es zwar bis hier hin geschafft, jedoch scheint ihr Studium wesentlich mühsamer zu sein. Auch ihr Selbstvertrauen ist niedriger als das ihrer Kommilitonen aus höheren Gesellschaftsschichten, auch wenn sie teilweise bessere Noten erzielen. Die Leichtigkeit im Umgang mit dem Studium, die Sicherheit um ihren Platz im Leben äußert sich in einer gewissen Gleichgültigkeit bei Studierenden aus bürgerlichen Schichten, während Studierende der unteren Schichten stets bemüht sind (ebd.: 27).

Ebenso wichtig wie das fachliche Wissen ist für den Bildungserfolg der Schüler sowie Studierenden das kulturelle Wissen. Durch ihre intellektuell geprägte Herkunft sind sie nicht nur mit Wissen ausgestattet, sondern auch mit vielen kulturellen Bereichen in Berührung gekommen, welche Interessen und Geschmack geweckt und entwickelt haben. Sei es Kunst, Musik oder Film – es lässt sich feststellen, dass das Wissen in diesen kulturellen Bereichen umso stärker ausgeprägt ist, je höher die Gesellschaftsschicht ist, aus der sie kommen (ebd.: 29). Das trägt dazu bei, dass das Verhalten höherer Schichten in der Schule gelassener und weniger gezwungen ist. All diese Vorteile werden eben diesen Schülern später auch im Studium zum Vorteil werden, wenn es beispielsweise darum geht, Fachbücher zu verstehen oder mündliche Prüfungen abzuhalten. Diese inkorporierte Sicherheit wird ausgestrahlt und so nicht weiter hinterfragt (ebd.: 27ff).

BOURDIEUS Untersuchungen ergaben 1961/62, dass nur weniger als fünf Prozent der niedrigsten Gesellschaftsschicht eine Chance hatte, ihr Kind zur Universität zu schicken. Kleinere Angestellte hatten immerhin eine Chance von 15 Prozent, mittlere Angestellte eine Chance von circa 30 Prozent und die führenden Angestellten, bzw. Selbstständigen eine Chance um die 60 Prozent (ebd.: 12). Diese Verteilung benachteiligt somit die schwächste Gesellschaftsgruppe am meisten (ebd.: 11). Das wiederum führt zu einer voreingenommenen Einstellung, nicht nur gegenüber dem möglichen Bildungsweg, der zur Auswahl steht, sondern damit verbunden auch gegenüber der Selbsteinschätzung, denn bildungsferne Schichten sehen einen Hochschulabschluss somit im vorhinein als „unmöglich" (BOURDIEU & PASSERON, 2007: 12) an, während gebildetere Schichten ihn sehrwohl in Betracht ziehen (ebd.: 12).

In der heutigen Zeit, in der Bildung weniger ein Privilieg und mehr eine Pflicht geworden ist, ist interessant zu sehen, dass sich an der Zusammensetzung der Studierenden nicht viel geändert hat.Immer noch dominieren die Studierenden, deren Eltern einen hohen Schulabschluss gemacht haben, sprich Abitur oder eine andere Hochschulreife (vgl. MIDDENDORFF, et al., 2017).

Abbildung 7 zeigt, dass somit weit über die Hälfte aller Studierenden Eltern haben, die Abitur oder eine ähnliche Hochschulreife gemacht haben, nämlich 66 Prozent. Lediglich 24 Prozent der Studierenden haben eine mittlere Bildungsherkunft und circa jeder Zehnte Studierende stammt aus einer Familie, in der die Eltern nur einen Hauptschulabschluss haben (ebd.). Die Zahl der Studierenden mit Eltern ohne jeglichen Bildungsabschluss ist konstant bei 1 Prozent. Hingegen lässt sich feststellen, dass sich eine Entwicklung zugunsten der Studierenden mit einer hohen Bildungsherkunft ergeben hat (ebd.: 26).

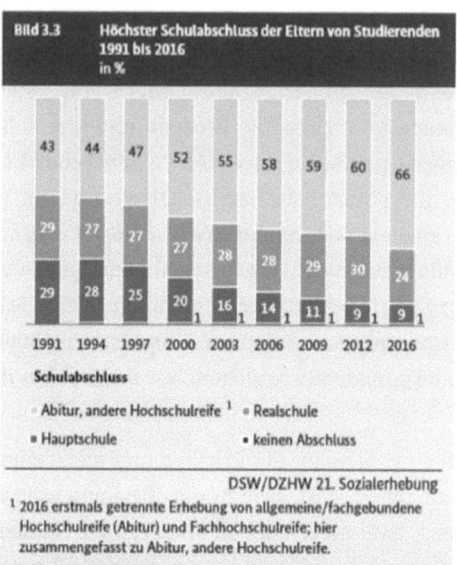

Bild 3.3   Höchster Schulabschluss der Eltern von Studierenden 1991 bis 2016 in %

Abbildung 7: Bildungsherkunft Studierender 2016
(MIDDENDORFF, et al., 2017: 27)

Somit ist die Tatsache, dass es Ungerechtigkeiten im Bildungssystem gibt, erwiesen. Entscheidend ist vielmehr die Frage nach den exakten Momenten des Bildungssystems, welche diese Effekte begünstigen und ob es Maßnahmen seitens der Schule gibt, dem entgegen zu wirken (vgl. MÜLLER & EHMKE, 2016: 285f).

Was das anbelangt, hat sich die PISA-Studie als hilfreiches Instrument erwiesen, denn neben den Datenerhebungen zur Herkunft der Eltern und der Feststellung der sozialen und kulturellen Probleme in Deutschland in Bezug auf das Bildungssystem wurden nun auch vermehrt die Wirkungsmechanismen herausgestellt, die hinter dem Kompetenzerwerb in Verbindung mit den Bildungsentscheidungen liegen (ebd.: 286). Auch die PISA-Studie hat bewiesen, dass die „Ausstattung mit häuslichen, kulturellen und lernrelevanten Besitztümern" (MÜLLER & EHMKE, 2016: 304) umso höher ist, je höher die gesellschaftliche Schicht ist. Und damit steigt dann auch die Kompetenz (ebd.).

Wie sich die ungleiche Ausstattung der Kinder im Schulalltag bemerkbar macht und welche Läsungsansätze es seitens der Schule gibt, wird im nachfolgenden Kapitel erläutert.

9.4 Spannungsfeld Schule: Differenzen und Lösungsversuche

Die Einführung der Schulpflicht ist ein Merkmal des „Gleichheitsanspruchs" (BUDDE, 2013: 7) der Schule. Doch was heißt Gleichheitsanspruch? Denn auch, wenn alle Kinder gleichermaßen verpflichtet sind, die Schule zu besuchen, gibt es trotz dessen in der Institution Schule und im Unterricht Differenzen, die sich negativ auf die Bildungslaufbahn auswirken können (ebd.).

Im schulischen Feld werden diese Differenzen unter dem Konzept der „Heterogenität", also Differenz und der „Homogenität", also Gleichheit behandelt (ebd.: 8). Denn als Institution beinhaltet die Schule ein Regelsystem, welches auch in der heutigen modernen Zeit in einem heterogenen Schulsystem noch nach meist homogenen Leistungen sortiert (ebd.). Jedoch ist eine Entwicklung zu beobachten, die verstärkt auf individuelle Förderung abzielt. Dazu gehören oft die Minimierung der Schulformen und die Einrichtung eines heterogenen Schulumfelds durch beispielsweise altersgemischte Klassen (ebd.). Die Problematiken, mit denen sich eine Lehrkraft befassen muss, spiegeln die Hürden dieses Prinzips wider. Denn obwohl die Lehrkraft jedes Kind nun individuell fördern und bewerten soll, sei es vor dem Hintergrund eines unterschiedlichen Leistungsstandes oder sozialer Herkunft, herrscht immer noch der Anspruch auf eine gerechte und gleiche Bewertung aller Kinder. Zudem stellt sich dabei die Frage, in wie fern eine unterschiedliche Behandlung jedes Kindes die sozialen Ungleichheiten eventuell vergrößert anstatt sie zu beseitigen (ebd.: 9). Leistung an sich nimmt hier eine zentrale Position ein. Denn obwohl Leistungsdifferenzen als fester Bestandteil der Schule angesehen wird und als vollkommen normal gilt, wird eine Differenzierung nach sozialer Herkunft oder Geschlecht verpönt (ebd.). Der Spagat, der hier versucht wird zu machen, steht stellvertretend für die Forschung und den heutigen Stand rund um das Thema soziale Ungleichheit im Schulsystem. Schule bewertet nur nach Leistung. Vor dem Hintergrund, dass sich bereits herausgestellt hat, dass Leistungsbewertung weniger die tatsächliche Leistung der Kinder wiedergibt als vielmehr ein eigenes, tief verankertes, Ungleichheiten reproduzierendes System ist, ist diese Entwicklung kritisch zu betrachten (ebd.). Eine Lösung auf diesem Gebiet zu finden, ist dementsprechend schwierig. PISA empfiehlt jedoch, nicht nur leistungsschwache Schüler und Schülerinnen stärker zu fördern, sondern auch die leistungsstarken. Die Fokussierung sollte dabei auf die Förderung des Kompetenzerwerbs gelegt werden (vgl. MÜLLER & EHMKE, 2016: 312).

10 Fazit

Diese Bachelorarbeit ist der Frage nach dem Zusammenhang von Familie, Bildung und sozialer Herkunft nachgegangen. Zu diesem Zwecke wurde untersucht, inwiefern die familiale Herkunft den Bildungserfolg beeinflusst, welche Faktoren die Chancen auf erfolgreiche Bildung minimieren und welche Maßnahmen erfolgreiche Bildung für alle Kinder und Jugendliche optimieren.

Die Bilanz dieser Arbeit zeigt die Zunahme an Familienformen und die damit einhergehende Umstrukturierung des Familienalltags, welche sich vor allem durch neu gewonnene Freiheit, aber auch durch Unbeständigkeiten auszeichnet. Es hat sich herausgestellt, dass Heranwachsende nach wie vor Rollenvorbilder brauchen. Dieser neue moderne und lockere Familiencharakter kann im Laufe der Kompetenzentwicklung deshalb sowohl positiv als auch negativ auf Kinder und Jugendliche einwirken. Durch die Trennung und Neubildung von Familien lernen Kinder und Jugendliche flexibel zu sein und kommen so besser mit Veränderungen in ihrem Umfeld zurecht. Jedoch können Scheidungskinder auch stark unter der Trennung ihrer Eltern leiden, was sich wiederum negativ auf die Schullaufbahn ausübt.

Die Rolle der Familie spielt in Bezug auf die Reproduktion sozialer Ungleichheiten in der Hinsicht eine Rolle, als dass sie durch das Elternhaus, also durch die frühkindliche Erziehung, Normen, Werte und Ansichten an die nächste Generation weitergibt, was somit auch das habituelle Verhalten bildungsferner Schichten reproduziert. Ausschlaggebend ist hierbei der Anteil des inkorporierten Kapitals, welcher die verschiedenen Gesellschaftsklassen auszeichnet.

Die Schule tritt als zweite Instanz nach der Familie in das Leben der Heranwachsenden und konfrontiert Kinder und Jugendliche mit neuen Regeln und Normen. Dieses Umfeld hat sich als bedeutend für die Ausbildung von Kompetenzen und somit für die Erweiterung des inkorporierten Kapitals erwiesen. Fakt ist allerdings, dass die Mechanismen der Reproduktion von sozialen Ungleichheiten auch in der Schule fortgesetzt werden. Unbewusst wirken sich Faktoren wie soziale Herkunft, Nationalität oder Geschlecht auf die Bewertung der Lehrkräfte aus, was dazu führt, dass sozial- und bildungsschwache Schüler und Schülerinnen benachteiligt werden.

Somit hat sich herausgestellt, dass Bildung als wichtiger Bestandteil unserer Gesellschaft durch die Institutionen Familie und Schule stark beeinflusst wird.

Das System Schule wirkt dementsprechend nicht nur als Chancengeber, sondern als institutionelle Auslese, welche sozial- und bildungsschwache Schüler und Schülerinnen „aussortiert" und Kinder aus höheren sozialen und kulturellen Schichten fördert.

Literaturverzeichnis

Allmendinger, J. (07 2003). Soziale Herkunft, Schule und Kompetenzen. (H.-S.-S. e.V., Hrsg.) *Politische Studien*, S. 138.

Baumgart, F. (1997). *Theorien der Sozialisation*. Deutschland: Julius Klinkhardt.

Bertram, H. (Hrsg.). (1991). *Die Familie in Westdeutschland*. Opladen: Leske+Budrich.

Bohrhardt, R. (1999). *Ist wirklich die Familie schuld?* Hemsbach: Leske+Budrich, Opladen.

Bourdieu, P. (1983). *Soziale Ungleichheiten. Sonderband 2 der Sozialen Welt* (Bd. 2). (R. Kreckel, Hrsg.) Göttingen: Schwartz & Co.

Bourdieu, P., & Passeron, J.-C. (2007). *Die Erben* (Bd. 41). (F. Schultheis, Hrsg.) Konstanz: UVK Verlagsgesellschaft mbH.

Budde, J. (2013). *Unscharfe Einsätze: (Re-)Produktion von Heterogenität im schulischen Feld*. Wiesbaden: Springer VS.

Bundeszentrale für politische Bildung (Hrsg.). (2009). *Grundgesetz*. Bonn.

Dunkake, I. (2010). *Der Einfluss der Familie auf das Schulschwänzen*. Wiesbaden: VS Verlag für Sozialwissenschaften.

Ecarius, J., & Eulenbach, M. (Hrsg.). (2012). *Jugend und Differenz*. Wiesbaden: Springer VS.

Floren, F. J. (Hrsg.). (2004). *Sozialstruktur-soziale Ungleichheit-sozialer Wandel*. Paderborn: Westermann Schulbuchverlag GmbH.

Harring, M., Rohlfs, C., & Palentien, C. (Hrsg.). (2007). *Perspektiven der Bildung*. Wiesbaden: VS Verlag für Sozialwissenschaften.

Helfferich, C. (2017). *Familie und Geschlecht*. Opladen & Toronto: Barbara Budrich.

Maihofer, A., Böhnisch, T., & Wolf, A. (2001). *Wandel der Familie*. Düsseldorf: Hans-Böckler-Stiftung.

Middendorff, E., Apolinarski, B., Becker, K., Bornkessel, P., Brandt, T., Heißenberg, S., & Poskowsky, J. (2017). *Die wirtschaftliche und soziale Lage der Studierenden in Deutschland 2016. 21. Sozialerhebung des Deutschen Studentenwerks*. Berlin: Bundesministerium für Bildung und Forschung (BMBF).

Otto, H.-U., & Coelen, T. (Hrsg.). (2004). *Grundbegriffe der Ganztagsbildung.* Wiesbaden: VS Verlag für Sozialwissenschaften.

Papilloud, C. (2003). Bourdieu lesen - Einführung in eine Soziologie des Unterschieds. Bielefeld: transcript Verlag.

Rosenbaum, H. (1973). *Familie als Gegenstruktur zur Gesellschaft.* Stuttgart: Ferdinand Enke Verlag.

Watermann, R. (2003). *Gesellschaftsbilder im Jugendalter.* Opladen: Leske + Budrich.

Quellenverzeichnis

Bundesverband für Bildung, Wissenschaft und Forschung e.V. (kein Datum). Abgerufen am 06. 06 2018 von https://www.bbwf.de/bildung/was-ist-bildung/

Bundesamt, S. (Hrsg.). (29. 07 2010). www.destatis.de. Abgerufen am 08. 06 2018 von *Alleinerziehende in Deutschland - Ergebnisse des Mikrozensus 2009*: https://www.destatis.de/DE/PresseService/Presse/Pressekonferenzen/2010/Alleinerziehende/pressebroschuere_Alleinerziehende2009.pdf?__blob=publicationFile

Diefenbach, H. (01. 07 2000). *Stichwort: Familienstruktur und Bildung. Zeitschrift für Erziehungswissenschaft.* Abgerufen am 24. 06 2018 von https://link.springer.com/article/10.1007%2Fs11618-000-0020-9

Duisburg-Essen, I. A. (kein Datum). sozialpolitik-aktuell.de. Abgerufen am 02.06. 2018 von http://www.sozialpolitik-aktuell.de/tl_files/sozialpolitik-aktuell/_Politikfelder/Bevoelkerung/Datensammlung/PDF-Dateien/abbVII10.pdf

Duisburg-Essen, I. A. (Hrsg.). (kein Datum). www.sozialpolitik-aktuell.de. Abgerufen am 02. 06 2018 von http://www.sozialpolitik-aktuell.de/tl_files/sozialpolitik-aktuell/_Politikfelder/Bevoelkerung/Datensammlung/PDF-Dateien/abbVII16a.pdf

Geißler, R. (04 2006). *Bildungschancen und soziale Herkunft.* Abgerufen am 13. 06 2018 von Archiv für Wissenschaft und Praxis der sozialen Arbeit.

Huinink, J. (20. 03 2009*). Familie: Konzeption und Realität.* Abgerufen am 14. 06 2018 von Bundeszentrale für politische Bildung: http://www.bpb.de/izpb/8017/familie-konzeption-und-realitaet?p=all

Hungerland, B. (04. 11 2008). hs-magdeburg.de. Abgerufen am 02. 06 2018 von www.hsmagdeburg.de/fileadmin/user_upload/Fachbereiche/AHW/files/ringvorlesungen/08-11-04RingvorlesungIV.pdf

Knauß, F. (04. 11 2016). *Das Ende des achtjährigen Gymnasiums.* Abgerufen am 13. 06 2018 von WirtschaftsWoche: https://www.wiwo.de/erfolg/hochschule/g9-kommt-zurueck-das-ende-des-achtjaehrigen-gymnasiums/14788468.html

Krack-Roberg, E., Rübenach, S., Sommer, B., & Weinmann, J. (2016). www.desta-tis.de. (S. Bundesamt, Hrsg.) Abgerufen am 08. 06 2018 von *Familie, Le-bensformen und Kinder - Auszug aus dem Datenreport 2016:* https://www.destatis.de/DE/Publikationen/Datenreport/Down-loads/Datenreport2016Kap2.pdf?_blob=publicationFile

Müller, K., & Ehmke, T. (2016). PISA 2015. *Eine Studie zwischen Kontinuität und Innovation.* (K. Reiss, C. Sälzer, A. Schiepe-Tiska, E. Klieme , & O. Köller, Hrsg.) Münster: Waxmann Verlag GmbH,. Abgerufen am 24. 06 2018 von http://www.pisa.tum.de/fileadmin/w00bgi/www/Berichtsba-ende_und_Zusammenfassungen/PISA_2015_eBook.pdf#page=13

Olga Pötzsch, J. W. (07. 11 2013). destatis.de. (W. Statistisches Bundesamt, Hrsg.) Abgerufen am 30. 05 2018 von Geburtentrends und Familiensitua-tion in Deutschland 2012: https://www.destatis.de/DE/Publikatio-nen/Thematisch/Bevoelkerung/HaushalteMikrozensus/Gebur-tentrends.html

Richter, M. (21. 08 2014). www.Betreut.de. Abgerufen am 07. 06 2018 von Was bedeutet Familie heute?: https://www.betreut.de/magazin/kinder/fami-lienformen-von-heute/

Schneider, G., & Toyka-Seid, C. (kein Datum). *Das junge Politik-Lexikon.* Abgeru-fen am 05. 06 2018 von http://www.bpb.de/nachschlagen/lexika/das-junge-politik-lexikon/161619/sozialisation

Schneider, N. F. (31. 05 2012). www.bpb.de. Abgerufen am 02. 06 2018 *von Die familiendemografische Entwicklung in Deutschland.*

Vitzthum, T. (27. 06 2017). www.welt.de. Abgerufen am 26. 06 2018 von *Akade-mikerkinder dominieren mehr denn je die Universitäten:* https://www.welt.de/politik/deutschland/article165975301/Akademi-kerkinder-dominieren-mehr-denn-je-die-Universitaeten.html

Weishaupt, H. (11. 12 2013). Bundeszentrale für politische Bildung. Abgerufen am 28. 05 2018 von http://www.bpb.de/gesellschaft/bildung/zukunft-bildung/175009/demografischer-wandel

www.statista.com. (01 2016). Abgerufen am 07. 06 2018 von *Welche der folgen-den Familienformen beschreibt Ihre derzeitige Lebensform am besten?* (in Prozent): https://de.statista.com/statistik/daten/studie/501423/um-frage/verschiedene-familienformen-in-deutschland/

Abbildungsverzeichnis